Durch Christus näher, mein Gott, zu Dir!

Durch

Christus

näher, mein Gott,

zu Dir!

Bibliografische Information der Deutschen
Nationalbibliothek: Die Deutsche Nationalbibliothek
verzeichnet diese Publikation in der Deutschen
Nationalbibliografie; detaillierte bibliografische
Daten sind im Internet über
http://dnb.dnb.de abrufbar.

© 2019 Alfred Heim
 Herstellung und Verlag:
BoD – Books on Demand

ISBN: 978-3-7460-7043-8

Unser von Gott
gesalbter König,
Erlöser,
universeller Schöpfer
aller Natur,
Kreaturen
und Wesen.

Unser grenzenlos Helfender und Förderer, Christus.

Christus, seine Werke,
sein göttlich-endlos liebevoller Einsatz
sein Vorbild, seine Lehre für uns Menschen.

An meine Familie, Freunde und weitere Leser.

Was ist das Wichtigste in unserem menschlichen Leben ?
Welche Bewandtnis hat es mit dem tieferen Sinn
unseres irdischen Seins ?

Viele machen sich gar keine Gedanken darüber;
man lebt einfach in den Tag hinein.

Man bemüht sich möglichst komfortabel zu leben und hofft,
 dass dies sorgenfrei geschehe.

Das Wissen, dass jeder Mensch einmal stirbt, wird verdrängt,
und damit fragt man sich gar nicht,
was eventuell nach dem eigenen menschlichen Ableben
weiter geschehen möge.
Die einen verneinen ein seelisch-eigenes Weiterleben nach dem
Sterben;
andere denken, es werde sich noch früh genug zeigen,
wie es dann weitergehen wird.

Es gibt Menschen die gottgläubig. und von der Existenz einer
Engelswelt, sprich Jenseitswelt, überzeugt sind. Dass sich in dieser
göttlich geführten, für uns noch unsichtbaren Welt, eine höchst
vollkommene Ordnung findet, wird kein Gläubiger bezweifeln.

Aus den biblischen Zeugnissen wissen wir, dass es Engel
verschiedenster Grade gibt.
Wir kennen Erzengel, Cherubim, Seraphim und von Gott
 als Propheten in ein menschliches Leben gesandte Engel.

Gott ist darin die höchste Allmacht. Christus ist sein einziger, aus ihm selbst geborener Sohn, der von Gott als König der ganzen Engelswelt, der ganzen Jenseitswelt gesalbt wurde. Die Jenseitswelt ist also ein Königreich, und so hierarchisch geordnet.

Jeder der um die Existenz dieser Jenseitswelt weiss, wird auch verstehen, dass er früher oder später in diese hierarchische Engelswelt gehören wird.

Es ist das von Gott vorgegebene, unabänderliche Ziel. Christus ist für ihn **sein König**, oder wie wir sagen können, **sein Herr**.

Dies zu wissen und zu bejahen ist eines der wichtigsten Inhalte unseres menschlichen Seins. Darüber soll uns die folgende Zusammenfassung über Christus, sein göttliches Wirken **jenseits und diesseits unserer Erde**, sowie dem tieferen Sinn der Menschheits-Erlösung zeugen.

Dies soweit es uns vom „Geist der Wahrheit", der biblischen und weltlichen Geschichte geoffenbart, bzw. berichtet wird.

Dieses Büchlein wurde zusammengestellt von: Alfred Heim, geb. 1927, von St. Gallen (Stadt). 3. Ergänzte Auflage (Aug 2018)

Inhalt :

Inhaltsverzeichnis

Erster Teil: Wirken, Lehrtätigkeit und Erlösungsauftrag Christi

Zweiter Teil
„Gleichnisse",
siehe Seiten 57 – 112

Verzeichnis der biblischen
Gleichnisse:

alphabetisch   nach Thema geordnet
Seite 63
nach Folge- und Vers-Ordnung der
Bibel, Seite 64

———————

Dritter Teil :
Schutz- und Führungs-Engel
siehe Seiten 114 – 133.

================

Vorwort

Viele Bücher sind schon geschrieben worden über Christus. Die meisten berichten über seine Lehren während seiner Lebenszeit unter uns Menschen, seine Heilungen von Kranken und Besessenen, die als Wunder erschienen Vermehrungen von Brot und Wein, und die für die Erlösung bestandenen Leiden, sein Kreuzestod.

Seine Lebenszeit als Mensch ist aber zeitlich ein unfassbar winziger Bruchteil der Zeit, seit er als einziger Sohn Gottes ins Leben gerufen wurde.
Die Berichte biblischer Schriften zeugen verschwindend wenig darüber. Solche wertvollen Berichte sind hingegen über mediale Fähigkeiten von Mitmenschen, welche nach göttlichen Gesetzen, ein vorbildlich christliches Leben führten, möglich geworden.
Beispiele sind „Das Johannesevangelium von Lorbeer",oder „Neue Erkenntnisse zu Leben und Wirken Jesu", so auch weitere „Christus-Bücher" diverser Autoren.

Gemäss dem Versprechen von Jesus Christus, er werde uns **„Den Geist der Wahrheit"** senden, bekamen wir umfangreiche Schilderungen und Offenbarungen über Christi Wirken und göttlich schöpferischen Tätigkeiten in seinem, seit unermesslichen Zeiten, bestehendem, geistig-himmlischen Reiche.

Auf diese soll hier, soweit bekannt, ergänzend eingegangen werden. Sie zeugen unfassbar weit vor Christi Irdischer Lebenszeit zurück.

Einleitung

Lieber Leser,

das grosse Wissen, über das hier berichtet wird, schöpft zum Teil aus bekannten Bibelstellen, zum grössten Teil jedoch aus den offenbarenden Vorträgen, gemäss dem Versprechen von Christus, dass er der Menschheit den

„Geist der Wahrheit"

senden werde.
Dazu sandte uns die Geistige Welt (Jenseitswelt), im entsprechend erwähnten Auftrage von Christus, die beiden Geistgeschwister Lene und Josef, welche in über 30 Jahren mit Hilfe der medialen Schwester Beatrice
praktisch wöchentlich unsagbar wertvolle Lebenshaltungs-Belehrungen und umfangreiches Jenseitswissen vermittelten.

Alle diese Vorträge sind zum Teil auf Tonband, zum anderen Teil auf Video aufgezeichnet worden.

Sie sind unter der Titelbezeichnung „Geistige Welt", bzw. „MEWO" (Meditationswochen) in jährlichen Buchbänden wahrheitsgetreu niedergeschrieben.

Die Indexe, gemäss den Indexlisten im Anhang, nehmen Bezug auf die in den entsprechenden Vorträgen vorhandenen Textinhalten.
Diese Buchwerke sind bei „Pro Beatrice", Zürich erhältlich.

1.) Christus ist :

„ Im Anfang war das Wort, und das Wort war bei Gott, und das Wort
war göttlichen Wesens.   Dieses war im Anfang bei Gott.
Alle Dinge sind durch dasselbe geworden,
und ohne das Wort ist auch nicht eines geworden, das geworden ist.

In ihm war Leben, und das Leben war Licht für die   Menschen.   **2)**

Das Wort ist Christus.

„Und das Wort ward Fleisch und wohnte unter uns, und wir schauten
seine Herrlichkeit, eine Herrlichkeit, wie sie der einzige [Sohn] von
seinem Vater hat,
voll Gnade und Wahrheit.“   **3)**

„… Christi, der das Ebenbild Gottes ist.   **5)** 15)
„… Christus ist aus Gott geboren.   10)
   Christus ist nicht Gott, wie es die   9) 19)
    Christliche Kirche, heute, mit ihrem Trinitäts-Dogma,
    zum „Glauben“ gemacht hat.
    „Christus ist der eingeborene Sohn Gottes,
    hat einen Anfang, ist nicht ur-ewig,
    wie Gott selbst“.
    „Christus ist die einzige unmittelbare
    Schöpfung Gottes – merkt Euch das.“   16) 2) 24)
„… Christus ist Sohn des lebendigen Gottes.   1) 26) 27)
„… Christus ist der von Gott über die gesamte
   Geisteswelt gesalbte König.   22)
„… Das Erlebnis der Apostel auf dem Berg Tabor,
   wo Christus mit Gott sprach.
   So oft sagte doch Christus, er unterrede
   sich mit dem Vater, mit dem er eins sei.“   8) 23)

2.) Die Christus von Gott-Vater verliehene Schöpferkraft, Seelenkraft und Weisheit :

„ Dass seine Schöpferkraft so gewaltig und vielfältig ist,
 bezeugt auch die dem Menschen sichtbare Schöpfung,
 die dieser in ihrer unendlich reichen Gestaltung nur
 bewundern kann."   14)

„ Christus birgt in sich die grosse Liebe,
 die grosse Güte, die Weisheit –
 kurz alles, was in Gott selber ist.
 Gott gab ihm von seinem Leib, von seiner
 Seelenkraft, v on seiner Lebendigkeit."   26)

„ Jesus sagte: „Ich bin im Vater,
 und der Vater ist in mir".
 Damit brachte er zum Ausdruck,
 dass er aus Gott geboren,
 dass er Gottes eingeborener Sohn ist …"

 In seiner unendlichen Liebe hat der Vater so
 viel von dem Seinen dem Sohn gegeben.   4) 11) 17)

3.) <u>Die Schöpfungswerke Christi</u> :

„ Leiter, Baumeister und Gestalter des
   himmlischen Reiches ist, mit Mitwirkung
   der Mitglieder aller göttlichen Familien,
   Christus mit der grössten Schöpferkraft.“   21)

„ Alles, was in den Himmeln und auf der Erde
   geworden ist, ist durch Christus geworden.“   7) 25)

„ … denn in ihm ist alles, was in den Himmeln
   und auf Erden ist, erschaffen worden,
   das Sichtbare und das Unsichtbare, seien es
   Throne oder Hoheiten,
   Gestalten oder Mächte. “   6) 20)

„Den geistigen Körper, der auch die Gestaltung
   des irdischen Leibes bestimmt,
   den verdankt der Mensch Christus“.   18)

„.Christus setzte sich beim Vater stets für die
   Rettung der gefallenen Engel ein“.

In allen Einzelheiten hat Christus das aus-
   gearbeitet, was in den Gesetzen für die
   Befreiung der Gestürzten, für die Erlösung
   der Menschheit, für die Heimführung
   der Gefallenen, fest verankert ist.   12) 13)

4.) Schöpfungsplan zur Heimführung
     der Gestürzten :

„… Gott plante zusammen mit Christus den
   siebenteiligen Schöpfungsplan.
   Aus Gottes Erbarmen mit den **Gestürzten**
   erwuchs seine Absicht, ihnen die Rückkehr
   ins Vaterhaus zu ermöglichen."   19)

Über den Zusammenhang zwischen den
*   **Gestürzten** und uns **Menschen** orientiert*
*   ausführlich die Schrift :*

   „Willst Du die Wahrheit,
und nichts als die Wahrheit wissen?"
   ISBN 978-3-8334-8318-9.

Wichtig zu wissen ist die Tatsache,
dass uns noch sündhaft behafteten
Menschen, die für eine Einkehr in den
Himmel notwendige seelische Reinheit,
nur mittels des göttlichen
Schöpfungsplanes zu erarbeiten
und zu erreichen ist.

„… Die erste Stufe des siebenteiligen
   Schöpfungsplanes gründete auf die
   Hoffnung, ein Aufstieg der Gefallenen
   könne sich noch in der Geistigen Welt
   (Jenseitswelt) vollziehen
   (paradiesische Geistesebene)".   5) 10)
   Diese Stufe beinhaltete ein Gebot des
   Gehorsams.

„.. Der zweite Schritt, zweite bis siebte Stufe
des Schöpfungsplanes durchdachte **3)**
Christus im Auftrage Gottes für den Fall, dass
es nicht gelingen würde, den abgefallenen
Geistern eine vergleichsweise leichte und
rasche Heimkehr zu ermöglichen;
das heisst, wenn das gegebene Gebot des
Gehorsams nicht befolgt würde". 20)

„. Nachdem sie das Gebot des Gehorsams
nicht befolgten, wurden die Gefallenen aus
dem Paradies vertrieben und der zweite
Plan (Heilsplan) musste in Angriff
genommen werden".

(Siehe auch Bild „Erlösungsplan im Alten Testament;
Vorbereitung für die Zeit des Messias. „
Buch ISBN 978-3-8334-8318-9).

Christus rief dazu die seinen zu sich,
jene mit besonderen schöpferischen Talenten und **6)**
Kräften ausgestatteten Wesen unter den Engelscharen.

„… Gott hatte Mitleid mit jenen unendlichen Scharen,
die in die Hölle, die Disharmonie gestürzt wurden. **4)**
Und er rief Christus zu sich und beriet mit ihm,
was zu tun wäre, um jenen wieder Gelegenheit zu
geben, sich empor zu schaffen". 9)
Dieser Heilsplan ist erschaffen worden von unserem
Schöpfer und Vater; und Gott hat ihn seinem
eingeborenen Sohn übergeben zur Überwachung;
ihm, den er als König gesetzt hat in diesem Heilsplan. 8)

„ Christus selbst hat es den Menschen ermöglicht,
ins irdische Dasein zu treten.“   15)

„Bei der Ausarbeitung des Erlösungsplanes, in dem
ein Erlöser, den man Messias nannte, war vorgesehen,
dass einer der höchsten Fürsten des Himmels
diese Aufgabe übernehmen sollte.
Wer dies wäre, war in der Zeit der Ausarbeitung des
Heimführungsplanes noch nicht festgelegt worden“.   21)

„Christus leitete und überblickte die Schaffung
dieser weiteren 6 Planstufen.“   7)
„ Alles was auf dieser Welt geworden ist, ist durch
Christus geworden“.   12) 14) 16)

„ Der Himmel war geschlossen und Christus war es,
der den Weg zu Gott wieder geebnet hat.
Die Möglichkeit der Rückkehr ist geboten, aber
das all tägliche Straucheln der Menschen
erschweren ihnen den Weg nach oben.“   1) 2) 13)

„ Damals, nach seinem Kreuzestode, als Christus
in der Hölle das letzte Gericht gehalten hatte,
auferweckte er jene,
die an ihn als den Erlöser glaubten“   17)
„ Damals, nach seinem Sieg über Luzifer, hat
in   Wahrheit, der Gottessohn in den
höllischen   Bereichen Gericht gehalten –,
und er hat lebendig gemacht, wen er   wollte“.   11)

„Alle, die einst aus den Himmeln aussgestossen
waren, sollten wieder zurückkehren dürfen.
Christus sollte ihr Retter sein, und so würde
er Tote (geistig Tote) zum Leben erwecken.   18)

5.) <u>Die Führung des damaligen Gottesvolkes</u> :

„ Im Einvernehmen mit dem Vater hatte
Christus die zehn Gebote entworfen und
an Mose ausgehändigt.
Diese sollten für die gläubigen Menschen
massgeblich und wegweisend sein.“   3)

„ Lange vor .. dem Erscheinen des Messias …
wurden Vorläufer zur Erde gesandt, um als
Propheten jenen Menschen den Gottes-
Glauben zu bringen und das Kommen eines
Messias zu verkünden. Christus selbst hatte
jene höheren Geister ausgewählt,
die dazu ins irdische Dasein traten.“   4)

„ Christus hat sich selbst zu jenen führenden
Gottesmännern begeben   und sich mit ihnen
verbunden, und besprochen, ihnen Kraft
verliehen, für ihre vorbereitende Mission.“   2)

„ Der Erlösungsplan/Heilsplan war festgezeichnet
in einem Buche und ward den Menschen zur
Zeit gegeben, und die Menschen haben
es wieder entfernt.“
„ Sie haben den grössten Teil dieser Bücher
vernichtet. Aber es gibt noch welche in einem
Raume in dieser Welt!.“   1)

6.) <u>Die Menschwerdung Christi</u> :

Christus bat seinen Vater:
„Lass mich den Messias sein!"
Ich will diesen Weg gehen!
Ich will die Meinen zurückführen,
denn du hast sie mir anvertraut,
und so will ich diese Aufgabe
übernehmen.

Er als König wollte um die Seinen
kämpfen, und sie zurückholen.
Man wusste, dass dies ein schwerer
Weg sein würde.   6) 18)

„ Christus erklärte sich bereit,
am frühsten möglichen Zeitpunkt ins
menschliche Dasein zu treten,
obwohl die Menschen in ihrem
Gottesglauben zu einer späteren Zeit
schon weiter vorangeschritten waren,
was Christi Aufgabe fühlbar erleichtert hätte.

Man wählte diesen Zeitpunkt,   1) 2)
um die Leiden derer abzukürzen,
die sehnsüchtig auf
die Erlösung warteten".   16)

„ Die Vorbereitungen für die Sendung
von Christus in das Erdendasein hat
Christus gemeinsam mit dem Vater
getroffen, doch in der Hauptsache
er selbst."   1) 14) 17)

„ Christus hat seine zukünftigen Jünger
 aus den   Aufstiegsstufen selbst ausgesucht". 1 2)

„ Christus selbst bestimmte Maria aus der
 Engelswelt für ihre Aufgabe, und ebenso
 Josef".   5) 10) 11)15)

„Auch die Engelskreise, die sich während
 der Zeit seines Menschseins mit ihm
 abgeben sollten,
 hatte Christus selbst ausgewählt.

So auch jene Engel, welche den Hirten
 die Botschaft brachten, und auch jene
 Engelwesen, die nach erfolgreicher
 Durchführung seines Auftrages mit ihm
 zusammen zum Kampf gegen Luzifer
 in die Hölle absteigen sollten.

Nichts wurde dem Zufall überlassen, alles
 wurde auf das genaueste vorbereitet."   13

„ Wahrscheinliches Datum der Geburt Jesu
 ist der 10. Dezember
 des Jahres 5 vor unserer Zeitrechnung."   7) 9)

**„ Christus wurde den Menschen in allem gleich –
 in Allem".**   **3) 4)** 8)

Ein Adventsbrief an eine gute, gottgläubige Sängerfamilie : Advent 2011.

Das Wort "Advent" kommt aus dem Lateinischen Adventus und bezeichnet die vorweihnachtliche Zeit der "Ankunft" Christi. Es meint die Vorbereitungszeit zur Geburt Christi.

Für uns Menschen kann es eine Zeit der Vorfreude, der menschlichen Vorbereitung und Einstimmung auf die zu Ehren Christi kommende Geburtstagsfeier sein, **Ich sage "kann"!**

*Denn es ist **Jedem** selbst überlassen, auf welche Weise er diese Festtage zu "feiern" gedenkt.*

Es ist durchaus möglich, dass man sich auch Gedanken macht über die von göttlicher Seite gemachten Vorbereitungen vor und zur Geburt Jesu, vor rund zweitausend Jahren.

Diese Vorbereitungszeit dauerte aber nicht nur 4 Wochen. Man weiss, dass den Menschen schon seit über zwei tausend Jahren vor Christi das Kommen eines Messias kund- getan wurde.

Es waren die von göttlicher Seite zur Erde gesandten (inkarnierten) Propheten, die diese Botschaft zu den Menschen brachten. Dies geschah während einer Zeit, welche wir als "Heilsgeschichtlichen Erlösungsplan" bezeichnen können.

Eine Darstellung dieses "Erlösungsplanes" zeigt das Bild auf Seite 44 des Buches: „Willst Du die Wahrheit, und nichts als die Wahrheit wissen?"

*"Dieser "Erlösungsplan" umfasst einen
Gnadenakt Gottes für die ganze Menschheit,
nicht nur für die heutige Christenheit.*

*Das Kommen des Messias war in einem Volke
vorgesehen, das in seinen göttlichen Erkenntnissen
damals schon weit fortgeschritten war.
Dies war dann das israelitische Volk.*

*Die göttlichen Vorbereitungen umfassen für
uns Menschen kaum alle möglich zu erfassenden,
unzähligen Vorplanungen.
Sie umfassten zum Beispiel auch:*

*-- Die Bestimmung, welche Familie für seine
Geburt ausgewählt wurde.*

*-- Welches ein nach göttlicher Beurteilung der
beste Zeitpunkt hiefür war.*

*-- Welche Jungfrau die weltliche Mutter Jesu
werden sollte.*

*-- Die Bestimmung welche Menschen einst Jünger
Jesu sein konnten usw..*

*Die letzten Vorbereitungen, zum Beispiel
noch 4 Woche vor der Geburt Jesu,
waren in der göttlichen Welt sicher erfüllt
von unfassbarem Jubel.*

*Wenn uns in der Adventszeit
solche Gedanken kommen;
ist das nicht auch ein
göttliches Weihnachtsgeschenk.*

===============

7.) <u>Jesu Wirken als Heiler und</u> <u>Prophet</u>

„ Jesu heilte im Verwandten- und
    Bekanntenkreis laufend Kranke";   **13)**

„ In seinen Heilungen von Kranken wurde
    Christus   stets von der Engelswelt
    geführt";   **14)**

„ Jesu heilt öffentlich Kranke, Blinde,
    Lahme, Aussätzige";   18)

„ Heilung des Gichtbrüchigen,
    Gelähmten";   **5)** 20)

„ Heilung des Armgelähmten"   **3)**

„ Heilung der zehn Aussätzigen";   **11)** 21)

„ Heilung des Blindgeborenen";   **12)** 16)

„ Heilung des Wassersüchtigen";   **10)** 23)

„ Auferweckung des Lazarus";   22)

„ Jesus heilt im Tempel";   19)

„ Jesus verleiht seinen Jüngern Macht,
    Kranke zu heilen";   **2)**

„ Austreibung eines bösen Geistes
    aus einem Stummen,   **1)**
    der dann wieder sprechen konnte";

„ In Synagoge von Kapernaum:
    Austreibung eines bösen Geistes" ;   **4)** 15) 25)

„Heilung des Besessenen von Gergesa";   **6)** 9) 24)

„ Er verlieh seinen Jüngern Macht
    böse Geister auszutreiben";

„ Jesus hat aus Maria Magdalena
    sieben böse Geister ausgetrieben";   **7) 8)**

„ Jesus erwirkt der Maria Magdalena
    die Vergebung ihrer Sünden."   17)

8.) Die Lehrtätigkeit Christi :

„ Jesus belehrt (in seinem 12. Lebensjahr), als
  frisch volljährig erklärter, während seiner
  Vorstellung im Tempel Jerusalems,
  während drei Tagen und Nächten,
  anlässlich den Schriftlesungen, die
  Schriftgelehrten über falsche Stellen in
  der Heiligen Schrift und deren
  wahren Bedeutung"   23) 39) 43) 68)

„ Schon vor .. seiner öffentlichen Lehrtätigkeit
  … hatte Jesus daheim und bei den Leuten
  so viel ausserordentliches getan".   21) 24) 45) 46) 71)

„ Jesus ging immer wieder in die Stille, in der
  Hoffnung, zuerst mit den Engeln; später
  mit seinem Vater direkt
  in Verbindung zu kommen."

„ Oft hatte er dabei auch manchen Kampf mit
  seinem einstigen Bruder (Luzifer)
  auszufechten.
  Und Christus vermochte allen Angriffen des
  Bösen standzuhalten".   76)

„ Wahrscheinlich im Frühjahr 27 durfte es
  offiziell bekannt werden, dass Jesus der
  einzig aus Gott geborene Sohn ist".

Dies geschah anlässlich   2) 26) 37) 50)
  der Taufe von Jesus
  bei Johannes am Jordan".   59)73) 81)

„ Start zum Erlösungswerk.   72)
  Bei der Hochzeit in Kana in Galiläa
  verwandelte Jesus, nach Aufforderung
  seiner Geistgeschwister,
  Wasser in Wein".   21) 80)

„Es war der Start zu seiner öffentlichen
  Lehrtätigkeit".   25) 69)

„ Durch das Band der Zugehörigkeit zu Gott
  waren in   Christus Kräfte, die ihn
  hellsehend, hellhörend und
  hellfühlend machten.
  Durch dieses Band zum Vater vermochte
  er Wunder zu wirken,
  mit Beteiligung von Engeln Gottes".

„Christus hat doch spontan Kranke geheilt".   65)

„Durch eben diese Bande wurde es möglich,
  geistige Stoffe zu verdichten".   66)

„ Die Geisterwelt Gottes half Christus mit,
  über die geistigen Od-Substanzen,   47)
  die Vermehrung (Wein, Brot oder Fisch)
  zustande zu bringen". Joh. 2,3; Mark. 6,30 ff 9)

„ Jesus widerstand den nun wesentlich
  grösseren Versuchungsanstrengungen
  Satans".   82)

„Jesu widerstand allen Täuschungsmanövern
der teuflischen Mächte"   3) 13) 20) 22) 27) 40) 54) 55) 56)

„ Zu Beginn seines öffentlichen Wirkens sucht
sich Jesus gemäss dem Beistand der
heiligen Geisteswelt seine Jünger aus,
einfache Männer, die dafür bestimmt   44)
waren, sein Werk weiterzuführen".   28)

„Jesus sorgte stets, dass die Familien seiner
Jünger zu ihrem notwendigen Brot
kamen".   14) 29) 45)

„ Die Jünger orientierte er über das Reich
Gottes und   seinem Königreich."   78)

„ Jesus erzählte seinen Jüngern vom Vater,
von der Herrlichkeit, in der er mit dem
Vater dereinst wieder wohnen werde,
und auch über das von unten
aufsteigende Leben zur Entwicklung und
Entfaltung.
Für alles was sie im Moment nicht zu
verstehen, nicht zu fassen vermochten,
werde er ihnen, wenn er wieder
beim Vater sein werde, die" Geister der
Wahrheit senden".   30)

„. Beginn der Lehrtätigkeit Jesu".   57) 62)
Jesus ging lehrend von Dorf zu Dorf,
von Stadt zu Stadt, und verkündigte seine
Lehre.

Jesus erklärt offen, auch in seinen Reden :
   „Ich bin der Sohn Gottes".   1) 31) 32) 38) 74)

„ Ich bin das Licht der Welt".   16)

„ Ich bin der Weg, die Wahrheit und das
   Leben"   .17) 85)

„ Unermüdlich erklärt Christus den Menschen
   d en Willen Gottes, und sagt auch, dass er
   Gottes Sohn ist."   70)

„ Jesus versuchte seinen Zuhörern die
   himmlische Welt zu offenbaren
   (Bergpredigt)."   4)

„ Ihm war vor allem daran gelegen, im
   Rahmen seines   Auftrages seinen
   Zuhörern zu erklären, was für deren
   (geistigen) Aufstieg bedeutungsvoll war".   33)

.. Christus belehrte die Menschen:
   Niemand geht verloren".   10)

„ Jesus hat mit seinem Wort, seiner Lehre,
   und mit der Erfüllung seiner Aufgabe dieser
   Welt das geistige Licht gebracht".   48) 52) 64)

„Jesus sagte: „Wenn einer Dich auf die Wange
   schlägt, halte ihm auch die andere hin."
   Damit versuchte er verständlich zu machen:
   Den Hass des andern sollte man mit Liebe
   vergelten".   7)

„Liebet Eure Feinde!" Mett. 5,38 - 40

„ Jesus verurteilte die Menschen nicht, aber
wo notwendig zu belehren". 41)

„Die Menschen sollten dafür Sorge tragen,
dass das Innere ihrer Seele frei von jeder
Last bleibt". 49)

„Sollt ihr nicht werden wie die Kinder, so
werdet Ihr nicht ins Reich der Himmel
kommen!" (Matt". 18,3).

„ Ihr sollt nicht schwören, weder beim Tempel
noch bei diesem oder jenem, sondern eure
Antwort sei ja oder nein!" 6) 11)

„Ihr sollt meine Gebote halten, meine Lehre
befolgen. Und ich werde den Vater bitten,
dass er euch gibt, wonach ihr verlangt". 18) 34)

„Das Leben ist wichtiger als die Nahrung und
der Leib wichtiger als die Kleidung.
Gemeint ist hier nicht der irdische, sondern
der geistige Leib.
Und der geistige Leib ist das Gewand der
Seele". 15)

„Wer viel hat, dem wird noch dazu gegeben,
und wer wenig hat, dem wird vom wenigen
noch genommen (geistig zu verstehen)". 8) 53)

"Sünde wider den Geist" - jedoch nicht
„Sünde wider den heiligen Geist"-
begeht derjenige, welcher seinem
Mitmenschen willentlich ein Leid antut,
ihn in Not bringt, ihm Böses zufügt.

„ Gemeint ist die Sünde wider den Geist des
Nächsten, die Lieblosigkeit gegen den
Mitmenschen. Es ist darunter auch Betrug,
Neid und Hass zu verstehen – überhaupt
alles, womit man dem andern wehe tut,
ihn beleidigt, womit man ihn in seiner
Seele verletzt. Das alles sind Sünden
wider den Geist, die nicht ungesühnt
vergeben werden".

„ Sie hat man wieder gutzumachen, teils in
der geistigen Welt, teils in einem neuen
Erdenleben". 36) 42) 51)

„ Bei so vielen Anlässen hat Jesus vom
lebendigen Wasser geredet.
Wer von diesem lebendigen Wasser
tränke, würde nicht sterben, ... „ 63)

„Jesus sendet seine Jünger aus zur
Verkündigung: 79)
„Das Reich Gottes ist nahe";
„Das Reich Gottes ist gekommen;"
„Jesus verkündete Offenbarungen"; 60)
„ Jesu verhindert die Steinigung einer
Frau, die Ehebruch begangen hatte; 61)

„Christus fordert die Pharisäer und
Schriftgelehrten heraus, sagt ihnen die
Wahrheit über ihre Scheinheiligkeit".   67)

„*Ich* bin das Gericht. Ich bin gekommen, um
zu retten. I*ch* bin die Auferstehung. Durch
mich werdet ihr den Weg zurück zum Vater
finden!"   77)
Joh. 9,39; Joh. 10,11; Luk. 19,10

„ Christus hat dazumal, als er in die Hölle
hinab drang und mit Luzifer Gericht hielt,
Ordnung geschaffen für die Menschheit.
Er hat jene Gesetze in Kraft gesetzt,
nach denen sich alles vollziehen soll".   75)

„ Die Menschen sollten wissen, dass das
letzte Gericht eben damals bereits
stattgefunden hat, als Christus
über Luzifer gesiegt hatte".

„ Du bist Petrus, und auf diesen Felsen will ich
meine Kirche bauen …"
(das heisst: auf den Felsen des Glaubens,
nicht auf Kirchen aus Stein und
Konfessionen).   75)

„Ich bin bei Euch alle Tage bis an das Ende der
Welt"… „Man könnte auch sagen, bis diese
Welt sich vergeistigt hat –
oder :
**bis der Letzte von Gott
Getrennte den Weg zurückgefunden hat…."**   35)

„Himmel und Erde mögen vergehen –
    meine Worte aber werden nicht vergehen.
    Von all dem, was ich gesagt habe,
    wird kein Strich, kein Punkt vergehen"   **5) 12)** 84)

„ Frieden gebe ich euch.
    Frieden hinterlasse ich euch.
     Aber nicht wie ihn die Welt gibt,
    gebe ich Frieden ..."   **19)** 58) 83)

9.) <u>Die Verfolgung von Christus</u>

„ Pharisäer und Schriftgelehrte sprachen
    den Bann über Christus aus   1)
    und verwehrten ihm den Zutritt zum
    Tempel".

„Es gab aber auch Schriftgelehrte und
    Mitglieder des hohen Rates, die Jesus
    Sympathie bekundeten"-   1)2)

„Jesus kannte den Satan und
    seine Herrschaft über die Welt".   3)

10.) Das Erlösungswerk Christi

Da Gott in seiner unendlichen Gerechtigkeit Luzifers
Argumentation gelten liess, unter seinem Einfluss würde nie ein
Mensch ein ganzes Leben lang Gott treu bleiben. Damit
bestehe kein Recht einen seiner ihm nun gehörigen zu Gott
zurückzukehren zu bewegen.

Ein Messias sollte nach Gottes Willen,
zu gegebener Zeit, den Gegenbeweis bringen.
„Christus war der erste und einzige Geist, der
   nach einem Erdendasein in die Hölle, also
   in das Totenreich, eindrang   18)
   und ihr wieder entfliehen konnte".

„ Christus verband und versöhnte uns
   Menschen mit dem Vater (Gott-Vater),
   indem er den Kampf aufnahm gegen
   Luzifer".   29) 46)

„ Besessenheit ohne eigene Schuld kann
   heute, seitdem Christus über Luzifer
   Gericht gehalten hat, nicht mehr sein".   47)

„ Gottes Gnade und Barmherzigkeit im
   Hinblick auf die bevorstehende Erlösung
   wurde durch Christus geoffenbart".   41)

„Christus ist nicht in unsere Welt gekommen
   um zu richten, sondern um sie zu retten".   5) 17) 48)

Dazu die offenbarenden Wiedergaben der ausführlichen, in der Zeitschrift „Geistige Welt" veröffentliche Botschaft, die kommende Erlösung ankündigenden Worte Christi, an die Zuhörer während seiner irdischen, öffentlichen Lehrtätigkeit.

Siehe auch Neues Testament: Joh. 5,22 – 29.

Jesus sprach:

>>Wahrlich, ich sage Euch, die Stunde wird kommen, wo die Toten die Stimme des Sohnes Gottes hören werden; und die sie hören, werden leben.<<

>> Und im Weiteren sagte er: „die Toten werden" –
.. jetzt sei es hier zitiert, wie es falsch in der Bibel steht:
„die Toten werden in den Gräbern die Stimme
des Sohnes Gottes hören, und werden auferstehen." >>
>> Dieses „in den Gräbern" ist eine falsche Übersetzung .. >>

>> Und an dieser Stelle sagt es in Wahrheit:
„Wundert Euch nicht, es kommt die Stunde, da die Toten aus
Höhlen hervorkommen werden, und sie werden auferstehen, „
das heisst:

Jene (Abgefallenen), die die Worte Christi gehört haben und
an ihn glauben, die werden aus ihren Höhlen hervorkommen –
und nicht wie es geschrieben steht:
Sie werden aus ihren Gräbern hervorkommen.
" Was ist wohl mit diesen Höhlen gemeint, wo sind diese Höhlen?

Es sind keine Gräber der irdischen Welt,
sondern die Höhlen im Reich Luzifers.

Man hat das falsch übersetzt, weil man es nicht verstanden
und begriffen hat. Nein, aus den Höhlen werden sie Christus
entgegenkommen. Sie glaubten an Christus und gingen mit ihm.
„Die Toten", das ist ein Ausdruck, der in der christlichen Lehre
unklar ist. Wenn von Toten gesprochen wird, nimmt man im
Allgemeinen, oder meint der Unwissende, die Rede sei von
Verstorbenen. Der heutige Christ ist sich nicht im Klaren, dass
es geistig Tote gibt (die von Gott abgefallenen, getrennten),
wie es auch geistig Lebendige gibt.

„ Ich – Christus –gehe hinein in den Herrschaftsbereich
Luzifers, in die Hölle. Dort werde ich seine Rechte schmälern.
Ich werde ihm die neuen, die *letzten* Gesetze auferlegen,
und ich werde mir [mit diesen Gesetzen] das Recht nehmen,
euch (die Menschen) zurückzuführen".   28) 36)

„ Wie der Blitz aufleuchtet und von einer Gegend
zur andern alles unter dem   Himmel erhellt,
so wird es einen Tag geben – den Tag des Menschensohnes,
wo er in seinem Glanz und seinem Lichte   ist".

„Das bedeutete, dass er an diesem Tag in das Reich der
Finsternis eindringen werde und dass
 mit seinem Eintreten die ganze Finsternis aufgehellt würde".

„Alles in der Hölle würde von einem Ende zum andern   in
diesem Glanz und in dieser Herrlichkeit von *ihm erleuchtet* –
Das sei *sein* Tag! „   **3)**

„>>Wer Christus hörte und *an ihn glaubte,*
konnte mit ihm aus diesen luziferischen
Bereichen herauskommen, *konnte aus*
dem Reiche der   „Toten" auferstehen.<<"   33) 37)

„ Christus erduldete alle die teuflischen
Grausamkeiten,   die man ihm antat,
die Geisselung, die Abführung ins Verliess,
das Aufsetzen der Dornenkrone,
 das Einreiben von Salz in seine
Geisselungswunden,
 das Anspeien ins Gesicht,
das geistige Quälen
der teuflischen Mächte,
und dann   9) 22)
die unsäglichen Schmerzen
der Kreuzigung".   44) 49)

„Das furchtbarste waren nicht die körperlichen,
sondern die seelischen Qualen,
die ihm durch Hohn und Spott
der luziferischen Geister angetan wurden"   7) 8) 27)

Als Mensch kann man wohl erfassen,
welch grösste körperliche Leiden,
durch grausamste Gewalt zugefügte
Wunden, zu tragen sind.

Nicht vorstellbar aber sind die seelischen Qualen,
welche Christus durch satanisch äusserste
Einflussmöglichkeiten zu ertragen hatte.

„ >> Es ist vollbracht!" >>"

„Was der König der Geisterwelt Gottes einst mit seinem
Vater besprochen hatte, war nun vollbracht worden.

Nun war der Augenblick gekommen, da er die Worte
sprechen durfte: „Es ist vollbracht! … "   21) 32)

„Er neigte sein Haupt und verschied. Jesus hatte seine
  unaussprechlich schwere Prüfung bestanden".   8) 40) 52)

„.Jetzt war der Zeitpunkt gekommen, da Christus   0) 13) 20)
    von Geist zu Geist Luzifer   gegenübertreten konnte".

„Nun brachen die Streiter-Engel Michaels mit Christus
    voran ins Reich der Hölle auf.
    Christus stiess die Pforte zur Hölle auf.
     Da wurde das Reich der Finsternis
    vom Lichte Christi erhellt".   4)

„Dann nahm der Kampf seinen Anfang" .   10) 14) 20)

„Nach furchtbaren Kämpfen von Christus und dem
   Heer Michaels gegen Luzifer und seinen Geistern
   der Hölle siegten Christus und das Heer Michaels."

Gegen die reine göttliche Kraft und deren Waffen
konnte Satan nicht aufkommen. In seiner Angst,   11) 15) 42)
er könnte durch Gottes Feuerkraft vernichtet werden,
kniete er vor Christus nieder und flehte um Verschonung".

„Durch die Erlösungstat Christi wurde der Himmel für alle
   geöffnet, für Gläubige und Ungläubige.
   Ungläubige jedoch mussten noch auf einer unteren
   Geistesstufe stehen bleiben.

   Nach ihrem Tode sollten sie aber nicht
     mehr in die Hölle zurückkehren müssen".   43)

„Durch seinen Sieg über den Widersacher
konnte das neue Gesetz in Kraft treten,
das auf alle Zeiten hinaus gültig bleibt".   51)

„ Bis Himmel und Erde vergehen wird kein
Strich und   kein Punkt vom Gesetze
vergehen, ehe alles   geschieht".   **1) 2)** 31)

„Der Tod ist durch Christus besiegt worden."
„Die Tore des Himmels
werden weit   aufgetan!"   50)

„ Der Erlöser hat seinen Kampf durchgefochten
und   ist zu seinem Recht gekommen".   23)

„Nun auferlegte Christus dem Besiegten seine
Bedingungen":

<< Das Letzte Gericht >>   *6)*

Es bewirkte eine neue und zugleich

**Letzte Gesetzgebung
für die Heimführung der Abgefallenen.**

„ Diese letzte Gesetzgebung wurde durch Gott in
   seiner Weisheit, mit Christus, in allen einzelnen
   Teilen, für die Rückkehr der Gefallenen festgelegt".   25) 45)

„ Die Gesetze, die Gott (zusammen mit Christus)
   aufgestellt hat, und die Worte, die aus dem
   Munde Gottes und aus dem Munde Christi kamen,
   haben ihre Lebendigkeit noch heute.
   Die Gesetze sind in der Schrift festgehalten;
   aber das Wort Gottes ist und bleibt *lebendig*. –
   die Worte des Vaters und die Worte
   unseres Königs   Christus... „   16)

„Christus hatte den allergrössten Teil dieser
   Gesetze selbst aufgestellt, gemäss den Impulsen,   19) 30)
   die er vom Vater erhalten hatte. „   34) 35)

„Sie behält ihre Gültigkeit bis zu dem Zeitpunkt,
   da alles zur Erfüllung gelangt und auch der letzte
   Abgefallene (Luzifer) zu Gott zurückgekehrt ist". 24) 26) 39)

„Christus liess Engel Gottes als himmlische
   Wächter in der Hölle zurück; denn Luzifer
   durfte von nun an nicht   mehr schalten
   und walten, wie es ihm beliebte."   45)

„Durch seine Auferstehung aus dem
   Totenreich, und mit   dem Erscheinen bei
   seinen Jüngern, wollte er allen Menschen
   beweisen, dass er Sieger geblieben
   war, und dass es ein ewiges Leben gibt".   12)

11.)   Der Heilsplan

„Die Aufstiegsstufen der geistigen Welt
  wurden erst nach Christi Erlösungswerk
  geschaffen".   6) 7)

„ Unter der Führung des Königs Christus, wird
  die Verwirklichung der Pläne für den
  Aufstieg der Gefallenen durchgeführt.
  Die Aufgaben werden laufend an seine
  himmlischen Geschwister verteilt".   2)

„ Gott, der Schöpfer, liebt alles, was er
  geschaffen hat; darum hat Christus, der
  Erlöser, den Menschenkindern den Weg
  ins Vaterhaus zurück wieder frei gemacht."   3

„Unter Mithilfe der Fürsten des Himmels sind
  die (geistigen) Aufstiegsstufen von
  Christus geschaffen worden".   1)

„ Die Menschen sind nicht mehr das
  Eigentum   Luzifers. Sie sind Christi Eigentum
  geworden. Rückwanderer sind sie jetzt,
  und für einen   jeden von ihnen
  ist der Weg gebahnt".   5) 9)

„Durch Christi Führung begleitet die ganze
  Heilige Geistwelt Gottes den Menschen in
  das irdische Reich hinein, und führen ihn
  auch wieder   daraus zurück in das geistige
  Reich".   4)

„Denn für jeden Menschen ist das Leben eine
  Prüfung. Bei Gott gibt es kein Ansehen der
  Person".
„Wer nun mit Christus verbunden sein
  möchte, hat seinen Lehren nachzuleben....
  Christus ist auf eine wunderbare Weise mit
  den Menschen verbunden, und er will, dass
  der Heilsplan, den er aufgebaut hat, erfüllt werde."

12.)   Der Geist der Wahrheit

„ Ich werde die Geister der Wahrheit aussenden,
  und sie werden versuchen, gereiften Menschen
  die Wahrheit allmählich dar zu legen".   5)
„Es kommt ja der Geist der Wahrheit, und dieser
  wird Euch in alles Nähere einweihen".   3) 6)

„Christus gab den Geistern Gottes den Auftrag :
  Gehet hin und erfüllet sie mit Kraft und Weisheit".   1) 7) 9)

„ Ich werde Euch den Geist der Wahrheit senden,
  und er wird euch darüber unterrichten,
  wird es euch erklären".   1) 2) 2)

„Denn Gottes Wort und die christliche Lehre
  werden der Menschheit verkündet".   8) 10)

„ Die Berichte über die Geschehnisse um Jesus und
  sein Wirken in der Menschheit, der Lebenszeit
  Christi, seine Lehren, sind unter dem Einfluss der
  Geister Gottes niedergeschrieben".

Die betreffenden Menschen, die dazu auserwählt waren,
besassen die erforderliche Begabung (z.b. mediale),
die notwendigen Fähigkeiten (z.B. schriftkundig), und sie
erfüllten auch die Bedingungen, die einen Einfluss auf
diese Menschen ermöglichten".

„Die Geisterwelt Gottes hatte aber zuerst
diese Menschen (Evangelisten) suchen müssen".

„Christi Worte werden nie vergehen, sie
werden, den Gläubigen eine ständige Hilfe
sein und in ihrem Ringen um das Gute   4)11
und Erkenntnis – um geistigen Aufstieg."

**„ Es ist Aufgabe des Menschen,
den wahrhaften Weg zu
Gott zu finden."**

===============

Bibel-, Botschafts- und Informationsquellen :

(Bibelangaben zu Zürcher-Bibel);

(GW= 1. Ausgabe Zeitschrift „Geistige Welt");

(MEWO = 1.Ausgabe Büchlein „Meditationswoche").

(Wirken Jesu= Buch „Erkenntnisse Wirken Jesu")

Siehe Verlag und Bibliothek „Pro Beatrice" Zürich.

Zu Kapitel 1 – 3

1) Matt.16,13-17.	15) GW 1981,2
2) Joh. 1,1-4;	16) GW 1981,15;
3) Joh. 1,14;	17) GW1982, 123f;
4) Joh. 17,21;	18) GW1982,124.
5) 2.Kor. 4,4;	19) GW 1982,284.4
6) Kol. 1,16;	20) MEWO 1975, 60-62;
7) GW 1976,172	21)MEWO 1975,70
8) GW1976,178;	22) MEWO 1976,22
9) GW 1978,10.5	23) MEWO 1976,43
10) GW 1978,49;	24) MEWO 1977,34
11)GW1978,212	25) MEWO 1977,35f
12) GW1979,339	26 MEWO 1977,36f
13) GW 1980,16;	27) MEWO 1978,66f.
14) GW1980,176	

Zu Kapitel 4

1) Joh. 5,22
2)Joh. 9,39;
3) Kol. 1,16;

4)MEWO 1964- 1966, 145;
5) MEWO 1970, 9;
6) MEWO 1970,10-12;
7) MEWO 1970,Seite 13;

8) GW 1952, Nr.9,1;
9) GW 1957, Seite 281.2ff

1 0) GW 1978, Seite 274;
11) GW 1979,93
12) GW 1979, Seite 222;
13) GW 1979, 326;
14) GW 1979, 339,2;
15) GW 1980,16
16) GW 1980, 321;
17) GW 1981,71;
18) GW 1981, 137;
19) GW 1984, 242;
20) GW 1984,2, 42f;

Zu Kapitel 5

1)   GW 1952, Nr.44.8.10f
2)   GW 1957,400
3)   GW 1980,15f
4)   GW 1980,350

Zu Kapitel 6

1)   Matt. 24,22;
2)   Mark.13,20;
3)   Phil. 2,7;
4)   Heb. 2,17;

5)   MEWO 1973,46/51;
6)   MEWO 1978,86f;

7)   GW 1951,Nr.1,S.3;
8)   GW 1968,252
9)   GW 1974,263f

10) GW 1976,67
11) GW 1976, 406;
12) GW 1977,128
13) GW 1978,3
       und 3f.
14) GW 1978,93;
15) GW 1979,362;
16) GW 1980,16
       und 16f.
17) GW 1980,128f.
18) GW 1984,244

Zu Kapitel 7

1)	Matt. 9,32 – 33;	14)	MEWO 1973,36
2)	Matt. 10,5-14;	15)	GW 1977,149f;
3)	Matt. 12,9-13;	16)	GW 1977,344
4)	Mark. 1,23 – 26;	17)	GW 1979,16f
5)	Mark. 2,3-12;	18)	GW 1979,87
6)	Mark. 5,2;	19)	GW 1979,88
7)	Mark.16,9;	20)	GW 1980,51f
8)	Luk. 8,2;	21)	GW 1980,86f
9)	Luk. 8,26 – 39;	22)	GW 1980,131
10)	Luk.14,1-6;	23)	GW 1981,233f.
11)	Luk. 17,12-19;	24)	GW 1982,61;
12)	Joh. 9,1-3;	25)	GW 1982,63
13)	MEWO 1973, 32-34		

Zu Kapitel 8

1)	2.Sam. 7,14; und Psalm 2,7;	19)	.Joh. 14,27;
2)	Matt. 3,17;	20)	MEWO 1961-1963,316f;
3)	Matt. 4,4-9;	21)	MEWO 1961 – 63,430;
4)	Matt. 5,3-12	22)	MEWO 1972,41-45f;
5)	Matt. 5,18;	23)	MEWO 1973,28f;
6)	Matt. 5,34-37	24)	MEWO 1973,36
7)	Matt. 5,39	25)	MEWO 1973,37 f
8)	Matt. 13,12;	26)	MEWO 1973,37f;
9)	Matt.14,15 – 21	27)	MEWO 1973,54 ff
10)	Matt.18,14	28)	MEWO 1973,58
11)	Matt. 23,16	29)	MEWO 1973,58f
12)	Matt. 24,35	30)	MEWO 1976,13f
13)	Luk. 4,1 und 5-7;	31)	MEWO 1976,42f;
14)	Luk. 5,4ff;	32)	MEWO 1977,58;
15)	Luk. 12,23	33)	MEWO 1977,90
16)	Joh. 8,12;	34)	MEWO 1978,25 und 25f.;
17)	Joh.14.6;	35)	MEWO 1978,113
18)	Joh.14,13-15 nd 21.	36)	MEWO 1979,84
		37)	MEWO 1979,131ff

38) MEWO 1979,135f
39) MEWO 1981,49f
40) MEWO 1981,98 ff

41) Wirken Jesu, Seite 149
42) Wirken Jesu, Seite 201

43) GW 1950 Nr.51,S.2;
44) GW 1951, Nr. 46, S.8;
45) GW 1964,321;
46) GW 1967,97;
47) GW 1967,179
48) GW 1968,244
49) GW 1973,406
50) GW 1974,264;
51) GW 1975,405
52) GW 1976,324
53) GW 1977,116
54) GW 1977,331;
55) GW 1977,332
56) GW 1977,334;
57) GW 1978,5;
58) GW 1978,197
59) GW 1978,331;
60) GW 1979,16

61) GW 1979,72
62) GW 1979,86
63) GW 1979, 128f
64) GW 1979,221
65) GW 1979,312f
66) GW 1979,313
67) GW 1979,338f
68) GW 1979,353;
69) GW 1979,356f;
70) GW 1980,16
71) GW 1980,33
72) GW 1980,37f
73) GW 1980,38 und 156;
74) GW 1980,48;
75) GW 1980,75
76) GW 1980,117
77) GW 1980,131f.
78) GW 1980,339
79) GW 1981,39f
80) GW 1981,77;
81) GW 1981,78;
82) GW 1981,78f
83) GW 1983,1
84) GW 1987,169
85(GW 1987,173

Zu Kapitel 9

1) MEWO 1973,32
2) GW 1978,4;
3)   GW 1979,277

Zu Kapitel 10

1) Matt. 5,18
2) Luk. 16,17
3) Luk. 17,20-25
4) Joh. 1,5
5) Joh. 3,17
6) Joh. 12.31
7) MEWO 1961 bis
    1963,433f;
   Matth. 2,9 - -16;
   Mark. 15,9 – 14;
   Luk. 24,30 -   31;
   Joh. 16 - 20
8) MEWO 1973,53;
9) MEWO 1973,62
10) MEWO 1973,68;
11) MEWO 1973,69;
12) MEWO 1973,79
13) MEWO 1977,120;
14) MEWO 1977,121;
15) MEWO 1977,122
16) MEWO 1977,131.
17) MEWO 1978,71;
18) MEWO 1978,84f
19) MEWO 1978,115

20) Wirken Jesu S.121

21) GW 1957,272;
22) GW 1958,118;
23) GW 1971,227
24) GW 1972,98;

25) GW 1974,264;
26) GW 1976,74.6
27) GW 1976,139.2
28) GW 1976,154.1
       und 186
29) GW 1976,157;
30) GW 1976,325
31) GW1977,93f
32) GW 1977,136;
33) GW 1977,253f;
34) GW 1977,338;
35) GW 1978,32.
36) GW 1978,73f.;
37) GW 1978,102f.
38) GW 1978,107;
39) GW 1978,108
40) GW 1979,181;
41) GW 1979,219 f
42) GW 1980,18.
43) GW 1980,89
44) GW 1980,117;
45) GW 1980,118.
46) GW 1980,322
47) GW 1981,15f
48) GW 1981,37
49) GW 1981,86;
50) GW 1981,257
51) GW 1982,71
       und 148
52) GW 1982,110.

Zu Kapitel 11

1) MEWO 1961-1963, 265f. und 438f.
2) MEWO 1973,92f.
3) GW 1959,354.
4) GW1975,409

5) GW 1976,157;
6) GW 1976,370;
7) GW 1978,50
8) GW 1978,74
9) GW 1978,95

Zu Kapitel 12

1) Joh.14,16f.
2) Joh. 14,16.13
3) Joh.14,26
4) MEWO 1974,132f.
5) MEWO 1976,14
6) MEWO 1977,90;

7) GW1952,Nr.23,S.1
8) GW 1957,369;
9) GW 1967,167.
10) GW 1976,337.
11) GW 1976,354
12) GW 1981,253.

======

Siehe auch weitere Hinweise im Anhang Seite 113

=======

Zweiter Teil: *Christi Gleichnisse*
und ihr Verständnis *57 - 112*

Einführung in die Gleichnisse Christi

(Textgrundlage ist die Zürcher-Bibel.)
Kursiv angeführte Hinweise sind
persönliche Anmerkungen des
Schreibenden, oder der direkten
Wahrheitsquelle.

■ Hinweise auf die Wichtigkeit der Gleichnisse

Spr. 1,6   ...dass man Gleichnis und
Sinnspruch verstehe,
die Worte der Weisen und ihre Rätsel.
Sir 39,3 Er ergründet den verborgenen
Sinn und vertieft sich in die
Rätsel der Weisheitsworte.
Sir 47,17 Mit Liedern und Gleichnissen,
mir Rätseln und Sinnsprüchen
setztest du die Völker in Erstaunen.

Mat 13.10- Und die Jünger traten herzu
und sagten zu ihm: warum
redest du ihn Gleichnissen zu ihnen?
Er aber antwortete und sprach:
Weil es Euch gegeben ist, die Geheimnisse
des Reiches der Himmel zu erkennen,
jenen aber ist es nicht gegeben.

Denn wer hat, dem wird gegeben werden,
und er wird Überfluss haben; wer aber
nicht hat, dem wird auch das genommen,
was er hat. Deshalb rede ich in Gleichnissen zu ihnen, weil sie mit sehenden
Augen nicht sehen und mit hörenden
Ohren nicht hören, nicht verstehen.

*Alle von Christus dargebotenen Gleichnisse
sind geistig, und nicht irdisch weltlich zu
verstehen. Christus sprach bei seinen
Gleichnissen immer etwas an, das ihn
persönlich betraf.*

>> *Es könnte sich auf den Schöpfungsplan, auf den Heils- und Erlösungsplan beziehen, auf sein Zusammensein mit dem Vater, auf seine Stellung als höchster von Gott geschaffener Geist im Jenseits, auf sein Verhältnis zu den Menschen, auf sein Verhältnis zu Luzifer, zum Totenreich. Auf all dies hat Christus auf sinnbildliche Weise immer wieder hingedeutet. Wer aber über die Schöpfung und über den Grund des Menschseins nicht Bescheid weiss, wer über die Geisteswelt und über die eigene Einkehr in sie nach dem irdischen Tode nicht unterrichtet ist, vermag die Sinnbilder und Gleichnisse Jesu niemals zu verstehen. Denn wer die Geisteswelt nicht anerkennt, den inneren Zusammenhang aller Dinge teilweise schon von allem Anfang ablehnt, kann ja nicht in Einklang gelangen mit dem, was hier als Deutung gegeben wird.* >> Zeitschrift „Geistige Welt" Nr. 11, 1980.

Die hier aufgeführten Gleichnisse sind nur ein Teil, aller der von Christus dargebotenen Gleichnisse.
Diese sind alle in irgendeiner Form in der landesläufigen Bibel enthalten.

>> …. *Die meisten Menschen kennen den wahren Glauben nicht, und sie wissen auch nicht, warum Christus ein menschliches Dasein auf sich genommen hat. Sie kennen die Ursache allen Geschehens nicht, und daher vermögen sie nicht, im Glauben stark zu werden. Dabei ist es für den Christenmenschen eine Notwendigkeit, über die Ursache der Menschwerdung Christi unterrichtet zu sein. Für seinen Glauben braucht es ein* **Ur-Wissen**. *Ohne ein solches* **Ur-Wissen** *bleibt ihm so vieles rätselhaft, und eben deswegen fängt er an zu zweifeln.*
Er wendet sich vom Glauben ab.

Darum versuche ich, dem gläubigen Menschen Erklärungen über Dinge zu bringen, die man gemeinhin als Geheimnisse bezeichnet.

So behauptet man, die Menschwerdung Christi sei ein Geheimnis.

Die Menschwerdung Christi ist kein Geheimnis. – sie hat ihre **Ursache.**

Auch euer Leben hat eine Ursache, und diese Ursache muss man kennen.

Dann wird schlagartig vieles leichter zu verstehen und zu begreifen.

Zur Kenntnis der hier genannten **Ursache** *sei auf die vom konfessionellen Christentum unabhängige Literatur verwiesen, wie im Anhang aufgeführt.*

Christus hat während seiner Lehrzeit so vieles symbolisch ausgedrückt, indem er in Bildern sprach. Weil es unmöglich war, die ganze Wahrheit so zu verkünden, wie sie wirklich war, blieb ihm gar nichts anderes übrig, als sich einer Bildersprache zu bedienen.

Wer jedoch über jenes Ur-Wissen verfügt, von dem ich sprach, dem werden die Worte und Aussprüche Christi bei näherer Betrachtung völlig verständlich. <<

Zeitschrift „Geistige Welt" Nr. 12, 1979.

Siehe hierzu auch die Erläuterungen
„MEWO"-Büchlein 1971,Seiten 59-79,
„Zu einigen Gleichnissen Christi".

■ Verzeichnis der biblischen Gleichnisse,
alphabetisch nach Thema geordnet.

■ Verzeichnis der biblischen Gleichnisse,
   nach Folge- und Vers-Ordnung der Bibel.

Die Gleichnisse

Mat 19,30 Viele aber, welche
Erste sind, werden Letzte sein,
und (viele,) welche Letzte sind,
Erste.
Dazu die direkte geistige Quelle:
>> „Mit diesen Worten meinte er
(Christus) ja jene, die in dieser Welt
immer zuvorderst stehen und auf
ihre eigenen Bedürfnisse bedacht
sind, die zuerst immer nur an sich
denken und den Mitmenschen bei
Seite schieben. Jene werden dereinst
in der Ewigkeit dann eben zu den
Letzten gehören. Und man wird sich
ihrer dann auch erst zuletzt
annehmen, und sie werden zuletzt
die Herrlichkeiten erleben. <<

„Geistige Welt" Zeitschrift Nr. 51, Jahrgang 1973:
Bücher 1973, und 1981, Nr. 22.

Mat 24,32- Vom **Feigenbaum** aber lernet das Gleichnis: Wenn sein Zweig schon saftig wird und die Blätter hervor wachsen, merkt man, dass der Sommer nahe ist.
So sollt auch ihr, wenn ihr dies alles seht, merken, dass er nahe vor der Türe ist.

Joh 6,51- Aber das Brot, das ich geben werde, ist zugleich mein **Fleisch**, das ich geben werde für das Leben der Welt. Die Juden stritten nun untereinander und sagten: Wie kann dieser uns sein **Fleisch** zu essen geben? Da sprach Jesus zu ihnen: Wahrlich, wahrlich, ich sage Euch: Wenn ihr nicht das **Fleisch** des Sohnes des Menschen esst und sein **Blut** trinkt, habt ihr kein Leben in euch. Wer mein **Fleisch** ist und mein **Blut** trinkt, hat ewiges Leben, und ich werde ihn auferwecken am jüngsten Tage. Denn mein **Fleisch** ist wahre Speise und mein **Blut** ist wahrer Trunk.

Wer mein **Fleisch** isst und mein **Blut**
trinkt, bleibt in mir und ich in ihm. ....

>> *Über diese Worte entsetzten sich die*
Zuhörenden. Sie fingen an zu spotten:
„ Das geht zu weit! Jetzt meint er doch
*wahrhaftig, wir würden sein **Blut** trinken*
*und sein **Fleisch** essen!..." Und sie*
verliessen ihn, sodass nur noch wenige
ihn umstanden. Selbst die Jünger
murrten. Obwohl sie ihrem Meister treu
ergeben waren, hatten sie doch das
Gefühl, das hätte er nicht sagen dürfen.
Wohl ahnten sie, dass diese Worte nicht
wörtlich gemeint waren; trotzdem
fanden sie, er sei zu weit gegangen, so
etwas sagt man nicht.
Christus hatte die Gedanken seiner
Jünger erkannt, und so fragte er sie:
„Wollt nicht auch ihr gehen?" Denn die
Leute waren ja fort gegangen, und so lag
diese Frage nahe. Aber sie blieben bei
ihm; nur baten sie ihn:
"Das musst du uns genau erklären! ...„

Der Meister ging mit den Jüngern in ein Haus hinein. Dort liess man sich nieder und nahm Speise zu sich.

Dann erklärte er ihnen: (Joh. 6,63.)
>> Das was ich gesagt habe
   (Fleisch und Blut), ist
      Leben und Geist"<<

Es ging also nicht darum, sein persönliches **Blut** zu trinken und sein leibliches **Fleisch** zu essen – damit hatte es wahrhaftig nichts zu tun. Sondern diese Worte sollten
      Geist und Leben bedeuten.

Freilich, auch damit gaben sich die Jünger nicht zufrieden, und so musste ihnen der Meister nähere Erklärungen geben, um ihnen begreiflich zu machen, was unter **Geist und Leben** zu verstehen sei. Solche Erklärungen hatte er ihnen schon öfters gegeben. „Wie oft habe ich euch schon gesagt: Ich bin das Brot des Lebens",

Dann sprach er zu den Jüngern. Er komme vom Himmel her; der Vater habe ihn gesandt, damit er der Menschheit den Weg frei mache, auf dem sie wieder ins Himmelreich heimkehren können.

Auch wiederholte ihnen Christus seine Worte: „Wer an mich glaubt, wird leben, auch wenn er stirbt." (Vgl. Johannes 11,25)

*Mit dem Wort „leben" meinte Christus nicht das Menschsein. Er wies die Jünger auf den **lebendigen** Gott hin, dessen Sohn er sei, sie aber; sie aber gehörten nicht zu diesem **lebendige**n Gott, sondern zum Reich des Todes (Luzifers).*
Doch sei er gerade ja gekommen, um zu retten, zu befreien, zu lösen.

Christus versuchte, den Jüngern so gut wie nur möglich zu erklären, indem er vom Leben sprach, das sich überall fände, in jedem Blatt, in jedem Grashalm, sogar im Gestein. Aber in dieses (irdische) Leben müsse der Geist Eingang finden.

Der Geist (der Abgefallenen) werde in ein immer neues (materielles) Gewand gekleidet. Sie, die Jünger, hätten bereits die Stufe des Menschseins erreicht.
Nun sei in ihrem „Gewand", in ihrem irdischen Leib, der Geist lebendig.

Trotz dieser irdischen **Lebendigkeit** seien sie noch immer nicht Gott zugehörig. Darum hatte Christus ja auch zu dem gesagt, der ihm nachfolgen, zuerst aber noch seinen Vater begraben wollte: „Lass die Toten ihre Toten begraben!" (Matthäus 8,22.)

Solche Worte kann man nur verstehen, wenn man immer wieder davon hören und die dazu gegebene Auslegung in seinem Innersten aufnehmen kann.

Ich komme auf Christi Worte zurück:
„Wer meîn **Blut** nicht trinkt,
hat keinen Anteil an mir."

*Weil es in der Christenheit nicht richtig verstanden worden ist, gab es so viele Irrtümer und falsche Auslegungen. Christus meinte nicht sein eigenes **Blut**, das sagte ich schon. Er sprach doch in einer Erklärung den Jüngern gegenüber von*

„Geist und Leben".

*Wenn nicht **Blut** durch die Adern des Menschen rollt, ist kein Leben in ihm. Wem aber ist all das zu verdanken, was geworden ist, sei es im Himmel oder auf Erden? Durch Christus ist alles geworden – und so auch das **Blut**, das für den Menschen Lebenselixier ist und ohne das er nicht leben kann. <<*

Zeitschrift „Geistige Welt" Nr. 24, 1980.

Luk 14,16-24 Ein Mann veranstaltete ein grosses **Gastmahl** und lud viele ein. Und zur Stunde des **Gastmahls** sandte er seinen Knecht, den Eingeladenen zu sagen: Kommet, denn es ist nun bereit! Und alle fingen in gleichen Masse an, sich zu entschuldigen. Der erste sagte zu ihm: Ich habe einen Acker gekauft und muss notwendig hinausgehen und ihn besichtigen; ich bitte dich, sieh mich als entschuldigt an! Und ein andrer sagte: Ich habe fünf Joch Ochsen gekauft und gehe hin, um sie zu prüfen; ich bitte dich, sieh mich als entschuldigt an! Noch ein andrer sagte: Ich habe eine Frau genommen und kann deshalb nicht kommen. Und der Knecht kam und berichtete dies seinem Herrn. Da wurde der Hausherr zornig und sagte zu seinem Knecht: Geh schnell hinaus auf die Strassen und Gassen der Stadt und führe die Armen und Krüppel und Blinden und Lahmen her herein! Und der Knecht sagte: Herr, es ist geschehen, was du befohlen hast, und es ist noch Raum vorhanden. Da sagte der Herr zu dem Knecht: Geh hinaus auf die Landstrassen und an die Zäune und nötige sie, herein zu kommen, damit mein Haus voll werde!

Denn ich sage Euch: Keiner jener Männer, die eingeladen waren, wird mein **Gastmahl** zu kosten bekommen.

Erklärung aus direkter geistiger Quelle:
*>> Wer waren denn die Menschen, die Christus in seinem Gleichnis zum **Mahle** geladen hatte?*
Dabei ist darauf hin zu weisen, dass Christus im Tempel und in den Synagogen gelehrt hat, wo er, mit den Schriftgelehrten und Pharisäern zusammenkam.
Stets ging es ihm darum, als Gottes Sohn anerkannt zu werden. Er wollte von den Menschen als Sohn Gottes angenommen werden, sie sollten ja dazu sagen.

Allein die Pharisäer und Schriftgelehrten sagten nein ... Christus aber nahm sich der Armen an. Er heilte die Kranken, die Blinden, die Lahmen ... <<

Zeitschriften / Bücher „Geistige Welt" Nr. 19, 1977; Nr. 12, 1979 / Nr. 20, 1981.

Mat 7,24   Jeder nun, der diese meine
Luk 6,47- Worte hört und sie tut, ist
          einem klugen Manne zu
vergleichen, der sein **Haus** auf den
Felsen baute…… und jeder, der diese
meine Worte hört und sie nicht tut, ist
einem törichten Manne zu   vergleichen,
der sein **Haus** auf den Sand baute.

Luk 16,1-10 Es war ein reicher Mann, der
          hatte einen **Haushalter;**
und dieser wurde bei ihm verklagt, dass er
ihm den Besitz verschleudere. Und er liess
ihn rufen und sagte zu ihm: Was höre ich
da über dich? Lege Rechenschaft ab
überdeine Verwaltung! Denn du kannst
nicht mehr Haushalter sein. Da sagte der
Haushalter bei sich selbst: Was soll ich
tun, da mein Herr mir die Verwaltung
nimmt? Graben kann ich nicht; zu betteln
schäme ich mich.
Ich weiss was ich tun will, damit sie, wenn
ich von der Verwaltung abgesetzt bin,
mich in ihre Häuser aufnehmen.

Und er liess jeden einzelnen der Schuldner seines Herrn zu sich rufen und sagte zu dem ersten: Wieviel bist du meinem Herrn schuldig? Der antwortete: Hundert Bath Oel. Da sagte er zu ihm: Nimm hier deinen Schuldschein, setz dich schnell hin und schreibe: fünfzig.

Darauf sagte er zu einem andern: Du aber, wieviel bist du schuldig? Der antwortete: Hundert Kor Weizen. Er sagte zu ihm: Nimm hier deinen Schuldschein und schreibe: achtzig.

Und der Herr lobte den **ungerechten Haushalter**, dass er klug gehandelt habe. Denn die Söhne dieser Welt sind ihrem Geschlecht gegenüber klüger als die Söhne des Lichts. Und ich sage euch: Machet euch Freunde mit dem ungerechten Mammon, damit sie, wenn er (euch) ausgeht, euch aufnehmen in die ewigen Hütten!

Auszüge aus Deutung von direkter geistiger Quelle:

... << Der reiche Hausherr ist Gott,
der ungetreue Verwalter der Teufel --

*.....—Der **Teufel** hatte doch sein Reich, und in seinem Reich hatte er Gewalttaten verübt. Mit den Worten, er habe den Besitz seines Herrn verschleudert, ist sein ungerechtes Handeln gemeint. Das alles ist symbolisch zu verstehen. Dieses Verschleudern des Besitzes Gottes oder der höheren Welt besagt, dass er das ihm zugestandene Reich nicht so **verwaltete**, wie es ihm von Gott vorgeschrieben war.*

*-- ... -- Gott hatte den **Teufel** wegen seiner Ungerechtigkeit verwarnt. Gott hatte ihm gedroht, er habe Gehorsam zu leisten, sonst werde er ihn von seinem Platz als Herrscher des Reiches entfernen, das ihm damals (nach dem Abfall) zugesprochen worden war.*

--....—Da sagte der **Teufel.** --...-- bei sich selbst: Was soll ich tun? Da mein Herr mir die **Verwaltung** nimmt? Graben kann ich nicht; zu betteln schäme ich mich. --...-- Der **Teufel** hatte nämlich Kenntnis davon, dass er nach dem Willen Gottes (wenn er abgesetzt würde) in ein menschliches Dasein würde treten müssen, so wie es bei andern gehandhabt wird. Denn es gibt einen geistigen Aufstieg aus der Hölle heraus in ein menschliches Dasein. Das also sah der **Teufel** voraus. Er wollte für sich keine Menschwerdung, denn er sagte:

„Graben kann ich nicht", das heisst: er wollte nicht arbeiten, und betteln wollte er auch nicht. Er wollte nicht in ein menschliches Dasein treten.

--....— Ich weiss, was ich tun will, damit sie, wenn ich von der **Verwaltung** abgesetzt bin, mich in ihre Häuser aufnehmen.

Das ‚sie', bezieht sich auf die Schuldner des Herrn. Symbolisch hat hier Christus angedeutet, dass **der ungetreue Haushalter – eben der Teufel** – an die Menschen herandrang, sie in Versuchung führte und sie zum Betrug inspirierte. –

...--Und er liess jeden einzelnen der Schuldner seines Herrn zu sich rufen. --....—Eben damit ist symbolisch ausgedrückt, dass der **Teufel** den Weg zu den Menschen eingeschlagen und jeden dazu inspirieret hätte, auf diese oder jene Art zu betrügen. Er sagte zum ersten: Wieviel bist du meinem Herr schuldig? Der antwortete: Hundert Bath (zu 36 Lite) Da sagte er zu ihm: Nimm deinen Schuldschein, setz dich schnell hin und schreibe fünfzig. --....—Ja, der **Teufe**l hatte den Menschen zum Betrug inspiriert. Darnach sagte er zu einem andern: Du aber, wieviel bist du schuldig? Der antwortete: Hundert Kor (zu 360 Liter) Weizen.

Er sagte zu ihm: Nimm hier deinen
Schuldschein und schreibe achtzig.
--...-- Ja, sein kluges Vorgehen wurde
gelobt, aber nicht die Tat als solche.

Um dies verständlich zu machen braucht
es noch den nächsten Satz.
--....— Denn die Söhne dieser Welt sind
ihrem Geschlecht gegenüber klügere als
die Söhne des Lichts. –
-....—Ja, dazu ist zu sagen: Die Menschen
werden in dieser Weise inspiriert. Sie
nehmen den Ratschlag an, wenn es um
ihren eigenen Vorteil geht. In dem
Gleichnis wird die Klugheit ihres
Vorgehens gelobt, aber nicht die von
ihnen begangene Tat. Es kommt zum
Ausdruck, dass die „Söhne dieser Welt"
klug genug sind, um sich zu wehren,
während die „Söhne des Lichts" nicht in
dieser Weise vorgehen. Sie haben in sich
nicht den Drang, so zu wirken, wie es
Menschen tun, die nur auf ihren Besitz
und ihr eigenes Wohl aus sind.

Die „Kinder des Lichts" sind bei den guten Taten, die sie vollbringen, zurückhaltender, bescheidener. Zugleich soll damit ausgedrückt werden, dass die „Kinder des Lichts" sich bereit - finden, den andern einen Teil ihrer Schuld zu erlassen. << Zeitschrift „Geistige Welt" Nr. 17, 1979.

Mat 21,33- Es war ein **Hausher**r; der pflanzte einen Weinberg und zog einen Zaun darum und grub eine Kelter darin und baute einen Turm; und verpachtete ihn an Weingärtner, und zog ausser Landes. Als aber die Zeit der Früchte herangekommen war, sandte er seine Knechte zu den Weingärtnern um seine Früchte in Empfang zu nehmen. Und die Weingärtner ergriffen seine Knechte und schlugen den einen, den andern töteten sie, den dritten steinigten sie. Wiederum sandte er andre Knechte hin, mehr als die ersten, und sie taten ihnen ebenso.

Zuletzt aber sandte er seinen Sohn zu ihnen, indem er sagte: Sie werden sich vor meinem Sohne scheuen. Als jedoch die Weingärtner den Sohn sahen, sagten sie untereinander: Dies ist der Erbe, kommet, lasset uns ihn töten und sein Erbgut behalten. Und sie ergriffen ihn, stiessen ihn zum Weinberg hinaus und töteten ihn.

Wenn nun der **Herr** des Weinbergs kommt, was wird er mit diesen Weingärtnern tun? Sie sagen zu ihm: Er wird sie als Übeltäter übel umbringen und den Weinberg an andere Weingärtner verpachten, die ihm die Früchte zu ihrer Zeit abliefern werden. Jesus sagt zu ihnen: Habt ihr nie in den Schriften gelesen

>> Der Stein den die Bauleute verworfen haben, der ist nun zum Eckstein geworden; Durch den **Herrn** ist dieser es geworden, und er ist wunderbar in unsern Augen?

Deshalb sage ich euch: Das Reich Gottes wird von euch genommen und einem Volk gegeben werden, das dessen Früchte bringt. <<

Erklärung aus direkter geistiger Quelle:

*>> Mit dem Weingarten ist die Erde gemeint, auf der die Menschen leben, und mit dem, der ihn verpachtet, **Gott**. Er ist „ausser Landes", das heisst: "Er ist nicht auf der Erde.*
Gott ist in dem Gleichnis mit dem gemeint, der den Weingarten verpachtet hat. Wer aber ist der erste Knecht? Wer ist der zweite? Wer ist der dritte? Und wer ist der Sohn, den die Weingärtner töteten?
Ich glaube, ihr kennt die Antwort auf diese letzte Frage. Es geht jedoch darum, in der christlichen Lehre zu offenbaren, wer der erste, wer der zweite und wer der dritte Knecht war.

Doch ehe diese drei Fragen beantwortet werden können, muss erklärt werden, warum es dahin gekommen war, dass diese Knechte einen Teil des ‚Ertrages' einziehen sollten. Das Wort ‚Ertrag' ist hier von besonderer Bedeutung.
Die Menschen sollten - ... während ihres Erdendaseins in ihrem Glauben an Gott gefestigt sein. Sie sollten erkennen, dass ihr Menschsein einen Grund hat, dem sie nachgehen müssen. In der christlichen Lehre ist von den Propheten des Alten Testamentes die Rede.

Das ist bedeutungsvoll.

Noch bedeutungsvoller ist die Antwort auf die Frage: Warum mussten denn Propheten zu den Menschen entsandt werden?
*Warum mussten diese Propheten den Menschen **Gottesglauben** vermitteln und in diesem **Gottesglauben** stärken? <<*

Zeitschrift „Geistige Welt" Nr. 11, 1980.

Mat 22,1- Das Reich der Himmel ist gleich einem König, der seinem Sohn die **Hochzeitsfeier** rüstete. Und er sandte seine Knechte aus, um die Geladenen zur **Hochzeit** zu rufen, und sie wollten nicht kommen. Wiederum sandte er andere Knechte aus und sprach: Saget den Geladenen: Siehe, ich habe meine Mahlzeit bereitet, meine Ochsen und das Mastvieh sind geschlachtet und alles ist bereit; kommet zur **Hochzeit**! Sie jedoch achteten nicht darauf, sondern gingen hinweg, der eine auf seinen Acker, der andre an sein Geschäft, die übrigen aber ergriffen seine Knechte, misshandelten sie und töteten sie. Da wurde der König zornig und sandte seine Heere aus, liess jene Mörder umbringen und ihre Stadt anzünden. Dann sagte er zu seinen Knechten: Die **Hochzeit** ist zwar bereit, aber die Geladenen waren unwürdig. Darum gehet an die Kreuzungen der

Strassen und ladet zur **Hochzeit** ein, so viele ihr findet! Und jene Knechte gingen hinaus auf die Strassen und brachten alle zusammen, die sie fanden. Böse und Gute, und das **Hochzeitsmahl** wurde voll von Gästen.

Als aber der König hineinging, um sich die Gäste zu betrachten, sah er dort einen Menschen, der nicht mit einem **Hochzeitskleid** angetan war. Und er sagte zu ihm: Freund, wie bist du herein gekommen ohne ein **Hochzeitskleid**? Der aber verstummte. Da sprach der König zu den Dienern: Bindet ihm Hände und Füsse und werft ihn hinaus in die Finsternis, die draussen ist! Dort wird Heulen und Zähneknirschen sein. Denn viele sind berufen, wenige aber auserwählt.

Siehe hierzu auch die Erklärung im Gleichnis „Unkraut" Siehe Seite 104,

und *Zeitschrift „Geistige Welt" Nr. 15, Jahrgang 1984, Seiten 172f.*

Mat 25,1- Dann wird das Reich der Himmel **zehn Jungfrauen** gleich sein, die ihre Lampen nahmen und dem Bräutigam entgegengingen. Fünf aber von ihnen waren töricht, und fünf waren klug. Dir törichten nämlich nahmen ihre Lampen und nahmen kein Öl mit sich. Die klugen dagegen nahmen ausser ihren Lampen Öl in ihren Gefässen mit. Doch als der Bräutigam ausblieb, wurden sie alle schläfrig und schliefen ein. Mitten in der Nacht aber erscholl ein Geschrei: Siehe, der Bräutigam! Gehet hinaus, ihm entgegen! Da erwachten mal jene **Jungfrauen** und rüsteten ihre Lampen.

Die törichten aber sagten zu den klugen: Gebet uns von euerm Öl, denn unsere Lampen verloschen.
Da antworteten die klugen: Es möchte für uns und für euch nicht reichen; gehet vielmehr zu den Krämern und kaufet euch!

Während sie aber hingingen, um zu kaufen, kam der Bräutigam; und die, welche bereit waren, gingen mit ihm hinein zu Hochzeit, und die Türe wurde verschlossen.
Später kamen dann auch die übrigen Jungfrauen und sagten: Herr, Herr öffne uns!

Er aber antwortete und sprach:
Wahrlich, ich sage euch:

Ich kenne euch nicht. Darum wachet! Denn ihr wisst weder den Tag noch die Stunde.

Mat 13,45- Wiederum ist das Reich der
                Himmel gleich einem
Kaufmann, der schöne Perlen suchte. Als er aber eine kostbare Perle gefunden hatte, ging er hin, verkaufte alles, was er hatte, und kaufte sie.

Mat 24,45- Wer ist also der treue und kluge Knecht, den sein Herr dazu über sein Gelände gesetzt hat, ihnen die Speise zur rechten Zeit zu geben? Wohl jenem **Knecht**, den sein Herr, wenn er kommt, bei solchem Tun finden wird! Wahrlich, ich sage euch: Er wird ihn über sein ganzes Besitztum setzen. Wenn aber jener **böse Knecht** in seinem Herzen sagt: Mein Herr bleibt noch aus, und anfängt, seine Mitknechte zu schlagen, aber mit den Trunkenen isst und trinkt, so wird der Herr jenes **Knechtes** an einem Tage kommen, an dem er es nicht erwartet, und zu einer Stunde, die er nicht weiss, und wird ihn in Stücke hauen lassen und ihm sein Teil unter den Heuchlern geben. Dort wird Heulen und Zähne-knirschen sein.
*Siehe hierzu auch die Erklärung im Gleichnis „**Unkraut**".*

Siehe auch Seite 104,

Luk 16,19-31 Das Gleichnis vom Lazarus.

Siehe „Zeitschriften Geistige Welt",
Nr. 49, Seite 390, Jahrgang 1978, und
Nr. 5, Jahrgang 1980, sowie
Nr. 13, 1982, und Buch 1976 .

Mat 13,47- Wiederum ist das Reich der Himmelgleich einem **Netz**, das ins Meer geworfen wurde und (Fische) von aller Art zusammenbrachte. Und als es voll geworden war, zogen sie es ans Gestade, setzten sich und sammelten die guten in Gefässe, die faulen aber warfen sie weg. So wird es am Ende der Welt sein: Die Engel werden ausgehen und die Bösen mitten aus den gerechten aussondern und sie in den Feuerofen werfen. Dort wird Heulen und Zähneknirschen sein.

Siehe hierzu die Erklärung im

Gleichnis „Unkraut" ***Seite 104,***

Mat 13,3- ... der **Säemann** ging aus um
Luk 8,4- zu säen. Und indem er säte,
Mark 4,1- fiel etliches auf den Weg,
und die Vögel kamen und frassen es auf.
Andres fiel auf den felsigen Boden, wo
es nicht viel Erde hatte, und es ging sogleich auf, weil es nicht tiefe Erde hatte;
als aber die Sonne aufging, wurde es
verbrannt, und weil es nicht Wurzel
hatte verdorrte es. Noch anderes fiel
unter die Dornen, und die Dornen
wuchsen auf und erstickten es. Noch
anderes fiel auf den guten Boden und
brachte Frucht, etliches hundertfältig,
etliches sechzigfältig, etliches dreissig-
fältig. Wer Ohren hat der höre!

Mat 13,18- Biblische Deutung: So
höret ihr nun das Gleichnis
vom **Säemann!** So oft jemand das Wort
vom Reiche hört und es nicht versteht,
kommt der Böse und raubt das, was in
sein Herz gesät ist. Dies ist der, welcher
auf den Weg gesät ist.

Der aber (, bei dem der Same) auf den felsigen Weg gesät ist, das ist der, welcher das Wort hört und es alsbald mit Freuden aufnimmt; er hat jedoch keine Wurzel in sich, sondern ist ein Mensch des Augenblicks; wenn aber um des Wortes willen Trübsal oder Verfolgung entsteht, nimmt er alsbald Anstoss. Der aber (, bei dem der Same) unter die Dornen gesät ist, das ist der, welcher das Wort hört, und die Sorge der Welt und der Trug des Reichtums ersticken das Wort, und es bringt keine Frucht. Der aber (, bei dem der Same) auf den guten Boden gesät ist, das ist der, welcher das Wort hört und versteht; dieser bringt denn auch Frucht, und zwar trägt der eine hundert-fältig, der andere sechzigfältig, ein anderer dreissig-fältig.

Siehe auch Erklärung aus direkter geistiger Quelle:
Heft 8, Seite 58, Abschnitt 3 GW 1960, und
Heft Nr.2, Seite 19, Abschnitt 3f, GW 1980.

Mat 13,33   Das Reich der Himmel ist
gleich einem **Sauerteig**, den eine Frau
nahm und unter drei Scheffel Mehl
mengte, bis es ganz durchsäuert war.

Mat 18,12- Was meint ihr? Wenn ein
Luk 15,1-   Mensch hundert **Schafe**
            hat, und es verirrt sich eins
von ihnen, wird er nicht die 99 auf den
Bergen lassen, und geht er nicht hin und
sucht das verirrte? Und wenn es sich
begibt, dass er es findet, wahrlich, ich
sage euch: Er freut sich über dasselbe
mehr als über die 99, die nicht verirrt
waren. So ist es nicht der Wille eures
Vaters in den Himmeln, dass eines
dieser Kleinen verloren gehe.

Siehe „Zeitschriften Geistige Welt", r.6, Seite 67, Jahrgang 1980.

Mat 13,44   Das Reich der Himmel ist
            gleich einem im Acker
verborgenen **Schatz**, den ein Mensch fand
und (wieder) verbarg.

Und in seiner Freude geht er hin und
verkauft alles, was er hat, und kauft jenen
Acker.

Erklärung aus direkter geistiger Quelle:

*>> Forscht man nach dem wahren Sinn
dieses Gleichnisses, führt dies auf Christus
selbst hin. Den im Acker verborgenen*
__Schatz__ *bezog Christus nämlich* **__auf sich
selbst.__** *Der Vater hatte ja mit ihm
besprochen, auf welche Weise es möglich
werden könnte, der Menschheit Befreiung
und Erlösung zu bringen.*
*Doch sollte das, was Gott und Christus da
rüber besprochen, Luzifer* **__verborgen__**
*bleiben, denn Luzifer besass noch immer
(mediale) Fähigkeiten, die ihm eine Schau
in die geistige Welt hinein ermöglichten.
Allein, nach dem Willen Gottes sollte
Luzifer der Erlösungsplan verborgen
bleiben.*

Vor allem sollte er nicht in Erfahrung bringen dürfen, dass Christus sich bereit erklärt hatte, die Aufgabe der Erlösung der Abgefallenen **selbst** zu übernehmen.

    So ist dies zu verstehen. Christus war bereit, die Seinen zurückzuholen, um sie wieder in die Glückseligkeit zu führen.

Aber wie dies zwischen dem Vater und ihm einst ausgedacht worden war, sollte ein wohl gehütetes Geheimnis bleiben, und zwar so lange, bis einer diesen **„Schatz"** fand, also bis man Christus als den Mensch gewordenen Erlöser erkannte und man wusste, dass er nur gekommen war, um die ihm Verlorengegangenen wieder zurückzuholen – ;

denn Christus wollte sie alle wieder bei sich haben <<. *Zeitschrift „Geistige Welt" Nr. 19, 1986*

Mat 13,31- Das Reich der Himmel ist
Mark 4,30 gleich einem **Senfkorn**, das
Luk,13,18- ein Mensch nahm und auf
seinen Acker säte. Dieses ist
zwar kleiner als alle (andern) Samenarten;
wenn es aber herangewachsen ist, ist es
grösser als die Gartenpflanzen und wird
ein Baum, sodass die Vögel des Himmels
kommen und in seinen Zweigen nisten.

Luk 15,8-10 Gleichnis vom verlorenen
Silberstück.
Siehe „Zeitschrift Geistige Welt", Nr.6, Jahrgang 1982.

Mat 21,28- Ein Mann hatte **zwei Söhne**.
Er trat zu dem ersten und sagte: Mein
Sohn, geh, arbeite heute im Weinberg!
Der aber antwortete: Ja, Herr, und ging
nicht hin. Dann trat er zu dem zweiten
und sagte ebenso. Der aber antwortete:
Ich will nicht. Später reute es ihn, und
er ging hin. Wer von den zweien hat den
Willen des Vaters getan? Sie sagten: Der
zweite. Jesus sprach zu ihnen: Wahrlich,

ich sage euch: Die Zöllner und die Dirnen kommen vor euch in das Reich Gottes. Denn Johannes ist gekommen mit der Lehre von der Gerechtigkeit, und ihr habt ihm nicht geglaubt. Die Zöllner und die Dirnen aber haben ihm geglaubt; ihr dagegen habt, als ihr es saht hinterdrein nicht einmal Reue empfunden, sodass ihr ihm geglaubt hättet.

Mat 25,14- Denn es ist wie bei einem Mann, der ausser Landes reisen wollte, seine Knechte rief und ihnen sein **Vermögen** übergab. Und dem einen gab er fünf Talente, dem andern zwei, dem dritten eins, jedem nach seinen Kräften, und reiste ab. Alsbald ging der hin, der die fünf **Talente** empfangen hatte, handelte damit und gewann fünf andere. Ebenso gewann der, welcher die zwei (Talente) empfangen hatte, der aber das eine empfangen hatte, ging hin, machte eine

Grube in die Erde und verbarg das Geld seines Herrn.

Nach langer Zeit aber kommt der Herr jener Knechte und rechnet mit ihnen ab. Und der, welcher die fünf empfangen hatte, trat herzu, brachte fünf andere Talente herbei und sagte: Herr, fünf **Talente** hast du mir übergeben; siehe, ich habe fünf andre **Talente** gewonnen. Sein Herr sprach zu ihm: Recht so, du guter und treuer Knecht, du bist über weniges treu gewesen, ich will dich über vieles setzen; geh ein zum Freudenfest deines Herrn! Auch der, welcher die zwei (Talente) empfangen hatte, trat herzu und sagte: Herr, zwei **Talente** hast du mir übergeben; siehe, ich habe zwei andre **Talente** gewonnen. Sein Herr sprach zu ihm: Recht so du guter und treuer Knecht, du bist über weniges treu gewesen, ich will dich über vieles setzen, geh ein zum Freudenfest deines Herrn! Aber auch der, welcher das eine

Talent empfangen hatte, trat herzu und sagte: Herr, ich kannte dich, dass du ein harter Mensch bist, dass du erntest, wo du nicht gesät hast; und sammelst, wo du nicht ausgestreut hast; und ich fürchtete mich, ging hin und verbarg dein **Talent** in der Erde .
 Siehe, da hast du das Deine!
Sein Herr aber antwortete und sprach zu ihm: Du böser und fauler Knecht, wusstest du, dass ich ernte, wo ich nicht gesät habe, und sammle, wo ich nicht ausgestreut habe? Dann hättest du mein Geld den Geldverleihern bringen sollen, und ich hätte bei meiner Rückkehr das Meinige mit Zinsen zurück erhalten. Drum nehmet ihm das **Talent** weg und gebet es dem, der die zehn **Talente** hat! Denn jedem, der hat, wird gegeben werden, und er wird Überfluss haben; dem aber, der nicht hat, wird auch das genommen werden, was er hat.

Und den unnützen Knecht stosset
hinaus in die Finsternis, die draussen ist.

Dort wird Heulen und Zähneknirschen
sein. *Siehe hierzu auch die Erklärung im Gleichnis "Unkraut".*

Joh 16,12-   Noch vieles habe ich Euch zu
sagen, aber ihr könnt es jetzt
nicht tragen. Wenn aber jener kommt, der
„Geist der Wahrheit", wird er euch in die
ganze Wahrheit leiten; ….

*Zusätzliche Erklärung aus direkter
geistiger Quelle:*

*>> Christus hat dazumal den Menschen die
Worte gegeben:*
**„Ich werde euch dann
einen <u>Tröster</u> senden!"**
*Und darüber möchte ich euch die
Erklärung geben. Mit diesen Worten, die
Christus gegeben hatte, meinte er, dass
nach ihm die Engel Gottes zu den
Menschen gesandt würden.*

Er hat als Erlöser seine Aufgabe erfüllt, indem er den Menschen den wahren Weg zeigte zum Hause Gottes. Seine Aufgabe war, den Menschen Belehrungen darüber zu geben, wie sie zu leben haben, um den Weg zum Hause Gottes antreten zu können. Und so brauchte er doch so viele Worte! Er erklärte die Gebote Gottes und brachte die Liebe, und so viel musste er den Menschen geben!

Und dazumal war es für jene Menschen viel schwerer, als es für die heutigen Menschen ist, die Gebote zu achten, diese Liebe zu geben und zu leben, wie Christus sie gelehrt hatte.

Da aber Christus in seiner Lehre die geistige Welt doch nicht so im Besonderen erklärt hatte, so wie ich euch Erklärungen darüber gebe, so meinte er dazumal mit seinen Worten, dass er dieses zu lehren den weiteren Boten Gottes überlasse, die er dann senden werde.

Seine Aufgabe aber war es den Menschen die Erlösung zu bringen und ihnen den wahrhaftigen Weg zu zeigen zum Hause Gottes.

*So durften dann die Menschen nachher im Einzelnen diese Schönheit erleben, und es wurden ihnen Bilder gegeben von der geistigen Welt, als diese **Tröster** zu den Menschen kamen. <<*

"Geistige Welt"Zeitschrift Nr. 43 und Buch, 1950.

Mat 13,24- Ein anderes Gleichnis legte er ihnen vor und sprach: Das Reich der Himmel ist gleich einem Menschen, der guten Samen auf seinen Acker säte. Doch während die Leute schliefen, kam ein Feind und säte **Unkraut** dazu mitten unter den Weizen und ging davon. Als aber die Saat sprosste und Frucht brachte, da zeigte sich auch das **Unkraut**.

Da traten die Knechte des Hausherrn herzu und sagten zu ihm: Herr, hast du nicht guten Samen auf deinen Acker

gesät? woher hat er nun das **Unkraut**?
Er aber sagte zu ihnen: Ein feindlicher
Mensch hat das getan.
Da sagen die Knechte zu ihm: Willst du
nun, dass wir hingehen und es
zusammensuchen?
Er aber sagt: Nein, damit ihr nicht,
indem ihr das **Unkraut** zusammensucht,
zugleich mit ihm den Weizen ausrauft.

Lasset beides miteinander wachsen bis
zur Ernte, und zur Zeit der Ernte will ich
den Schnittern sagen: Suchet zuerst das
Unkraut zusammen und bindet es in
Bündel, damit man es verbrenne; den
Weizen aber sammelt in meine Scheune!

Mat 13,36-   Biblische Deutung:
Da verliess Jesus die Volksmenge und
ging in das Haus. Und seine Jünger
traten zu ihm und sagten:
Erkläre uns das Gleichnis vom **Unkraut**
auf dem Acker! Er aber antwortete und
sprach: Der den guten Samen sät, ist der

Sohn des Menschen. Der Acker ist die Welt; der gute Same, das sind die Söhne des Reiches; Das **Unkraut** sind die Söhne des Bösen; der Feind, der es aussät, ist der Teufel; die Ernte ist das Ende der Welt, die Schnitter sind die Engel.

Wie man nun das **Unkraut** zusammensucht und mit Feuer verbrennt, so wird es am Ende der Welt sein:

Der Sohn des Menschen wird seine Engel aussenden, und sie werden aus seinem Reich alle sammeln, die ein Ärgernis sind, und die, welche tun, das wider das Gesetz ist, werden sie in den Feuerofen werfen. Dort wird Heulen und Zähneknirschen sein.

Dann werden die Gerechten im Reich ihres Vaters leuchten wie die Sonne.

Wer Ohren hat, der höre!

Erklärung aus direkter geistiger Quelle:

*>> Christus sagte auch: "Die Engel werden zu den Menschen ausgehen und die Bösen von den Gerechten sondern – sie werden die Bösen **zeichnen"*** Mat 13,41ff.

*Wenn es weiter heisst:"Sie werden in das höllische Feuer (Feuerofen) geworfen", so ist dies nicht wörtlich aufzufassen, sondern will besagen, dass die Fehlbaren durch die **„Gutmachung"** zu gehen haben werden. Diese bringt freilich, für welche, in dieser Welt grosse Schuld auf sich geladen haben, schwere Zeiten, grosse Schmerzen, qualvolle Leiden mit sich.*
    So ist dies bis heute geblieben, Noch immer durchzieht die Engelswelt die Menschheit und zeichnet einen jeden. Keiner wird vergessen! Die das Gute tun, werden gezeichnet und finden ihre Belohnung. <<

Zeitschrift „Geistige Welt" Nr. 19, 1986, und Buch 1956.

Eine weitere Erklärung aus direkter geistiger Quelle:

>> Aber immer sind ja auch die düsteren Mächte auf der Lauer, um jede Gelegenheit wahrzunehmen, um auch ihr __Unkrau__t neben den göttlichen Samen auszustreuen.

Hat doch Christus selbst gesagt, dass man dieses __Unkrau__t nicht eher entfernen dürfe, als die Ernte reif sei, um nicht das Kostbare damit auszureissen und zu verletzen.

Dann aber, wenn Ernte gehalten wird, gibt es eine Trennung, dann kann das __Unkrau__t vernichtet werden.

Zeitschrift „Geistige Welt" Nr. 47 1956, und Nr. 25, Seiten 336, Jahrgang 1980.

Mat 18,21- Herr, wie oft soll ich meinem
Bruder, der wider mich
sündigt, **vergeben?** Bis siebenmal?
Jesus sagt zu ihm: Ich sage dir: **Nicht bis
siebenmal, sondern bis 77-mal.**
Deshalb ist das Reich der Himmel gleich
einem König, der mit seinen Knechten
abrechnen wollte. Als er aber anfing
abzurechnen, wurde einer vor ihn
gebracht, der war zehntausend Talente
schuldig. Weil er jedoch nicht bezahlen
konnte, befahl der Herr, dass er und sein
Weib und seine Kinder und alles, was er
hatte, verkauft und die Zahlung geleistet
würde. Der Knecht warf sich nun vor
ihm zu Boden und sagte: Habe Geduld
mit mir, und ich will dir alles bezahlen.
Da hatte der Herr Erbarmen mit jenem
Knecht und gab ihn frei, und die Schuld
erliess er ihm.

Als aber jener Knecht hinausging,
fand er einen seiner Mitknechte, der ihm
hundert Denare schuldig war; und er
ergriff ihn, würgte ihn und sagte:

Bezahle, wenn du etwas schuldig bist!
Sein Mitknecht warf sic h nun nieder
und bat ihn: Habe Geduld mit mir, und
ich will dir's bezahlen. Er aber wollte
nicht, sondern ging hin und liess ihn ins
Gefängnis setzen, bis er die Schuld
bezahlt hätte. Als nun seine Mitknechte
sahen, was geschehen war, wurden sie
sehr betrübt und kamen und berichteten
ihrem Herrn alles, was geschehen war.
Da liess sein Herr ihn herbeirufen und
sagte zu ihm: Du böser Knecht, jene
ganze Schuld habe ich dir **erlassen**, weil
du mich batest; hättest nicht auch du
dich deines Mitknechtes erbarmen
sollen, wie ich mich deiner erbarmt
habe? Und sein Herr wurde zornig und
übergab ihn den Folterknechten, bis er
alles bezahlt hätte, was er ihm schuldig
war. So wird auch mein himmlischer
Vater euch tun, wenn ihr nicht jeder
seinem Bruder von Herzen **vergibt**.

Mat 20,1

Mat. 20,1 Denn das Reich der Himmel ist gleich einem Hausherrn, der am morgen früh ausging, um Arbeiter in seinen **Weinberg** zu dingen. Nachdem er aber mit den Arbeitern um einen Denar für den Tag übereingekommen war, sandte er sie in seinen **Weinberg**. Und als er um die dritte Stunde ausging, sah er andre müssig auf dem Markte stehen und sagte zu diesen: gehet auch ihr in den **Weinberg**, und was recht ist, will ich euch geben. Sie aber gingen hin. Wiederum ging er um die sechste und um die neunte aus und tat ebenso. Als er aber um die elfte Stunde ausging, fand er andre dastehen und sagte zu ihnen: Warum steht ihr hier den ganzen Tag müssig? Sie antworteten ihm: Weil uns niemand gedungen hat. Er sagte zu ihnen: Geht auch ihr in den **Weinberg**! Als es aber Abend geworden war, sagte der Herr des **Weinbergs** zu seinem Verwalter: Rufe die Arbeiter und zahle den Lohn aus, indem du bei den Letzten

anfängst, bis zu den Ersten! Da kamen
die von der elften Stunde und
empfangen jeder einen Denar. Und als
die Ersten kamen, meinten sie, sie
würden mehr empfangen; und auch sie
empfingen jeder einen Denar. Als sie
ihn aber empfangen hatten, murrten sie
wider den Hausherrn, und sagten: Diese
Letzten haben (nur) eine Stunde
gearbeitet, und du hast sie uns gleich
gemacht, die wir die Last und Hitze des
Tages getragen haben. Er jedoch
antwortete und sprach zu einem unter
ihnen: Freund, Ich tue dir nicht Unrecht.
Bist du nicht um einen Denar mit mir
übereingekommen? Nimm das Deine
und geh hin! Ich will aber diesem
Letzten so viel geben   wie dir. Oder
steht es mir nicht frei, mit dem Meinigen
zu tun, was ich will? Oder ist dein Auge
neidisch, weil ich gütig bin? So werden
die Letzten **Erste** und die Ersten Letzte
sein.

Erklärung aus direkter geistiger Quelle:
>> Es ist ein geistiges Bild, welches heisst,
dass auch derjenige, der zur letzten
Stunde den Weg zu Gott findet, dem
gemäss aufgenommen und erhört wird.
Also ist dieses Bild nicht materiell,
sondern im geistigen Sinn aufzufassen. <<

Zeitschrift „Geistige Welt" Nr. 25,1961,
und Nr. 22, Jahrgang 1981..

Joh 15,5   Ich bin der **Weinstock**, ihr (seid)
die Schosse. Wer in mir bleibt und ich in
ihm, der trägt viel Frucht; denn ohne mich
könnt ihr nichts tun. Wenn jemand nicht
in mir bleibt, wird er weggeworfen wie
das Schoss und verdorrt, und man
sammelt sie und wirft sie ins Feuer, und
sie verbrennen. Wenn ihr in mir bleibt,
und meine Worte in euch bleiben, so
bittet, um was ihr wollt, und es wird euch
zu teil werden. Dadurch ist mein Vater
verherrlicht, dass ihr viel Frucht trägt, und
meine Jünger werdet.

Erklärung aus direkter geistiger Quelle:

>> Christus sagte: „Ich bin der **Weinstock,**
*ihr seid die Reben." Er hat damit darauf
hingewiesen, dass man mit ihm verbunden
sein muss.*

**„Ihr müsst in mir sein,
ich will in euch sein."**

*Bei wem es nicht so ist, dem ergeht es wie
diesen Zweigen, die man ins Feuer wirft,
dass sie verbrennen. Er sagte auch, dass
man nur durch ihn zum Vater kommt, man
müsse eins werden mit ihm, sonst komme
man im Geiste nicht voran zu Gott.*

**Was hat denn Christus
mit diesem Feuer gemeint?**

*Er konnte es in dieser Ausdrucksweise
doch nicht so grausam gemeint haben,
dass jene, die nicht mit ihm sind, von ihm
nicht nur nicht anerkannt würden, sondern
sogar ins Feuer geworfen werden.*

Man hat mit der Zeit die richtige
Ausdrucksweise Christi so entstellt
wiedergegeben,
und weil man sie nicht richtig verstand,
sprach man dann von einer ewigen
Verdammnis und von einer Hölle mit
Feuer, worin die hineingeworfenen Seelen
verbrennen.

Ach, diese ewige Verdammnis!
Wie schrecklich, wie schrecklich,

dass es überhaupt Menschen gibt,
die nicht fähig sind, zu höherer Erkenntnis
zu gelangen und der Liebe Gottes und
Christi nicht mehr zutrauen! <<

(Siehe auch im Gleichnis „Unkraut")
Zeitschrift „Geistige Welt" Nr. 14, 1975.

===============

Anhang

Die angegebenen Literaturstellen sind zu finden in der seit 1948, erscheinenden Zeitschrift „Geistige Welt", für christliche Geisteslehre und Jenseits-lehre, oder in jährlich zusammengefassten, Büchern „Geistige Welt", im Buchhandel.
Ausführliche Angaben finden Sie auch im Internet unter www.glzh.ch .

Weitere Informationen finden Sie auch in den von A. Heim erschienen, in Buchhandel (BoD-Verlag, Books on Denande) erhältlichen Büchern:

- Willst du die Wahrheit, und nichts als die Wahrheit wissen?
  ISBN 978-3-8334-8318-9
- Menschheit zwischen zwei Welten.
  ISBN 978-3-7357-0622-5
- Nicht das Geld regiert die Welt!
  ISBN 978-3-7460-2102-7

Dritter Teil: *Schutz- und Führungs-Engel*

Die unseren Schutz- und Führungsengeln, von
Gott durch Christus beauftragten Aufgaben
zur möglichen, lebensbegleitenden Hilfe an uns
Menschen, kann anschaulich mit der
authentisch wiedergegebenen Geschichte eines,
mit viel göttlichem Segen begleiteten,
Menschenlebens, des 20-sten Jahrhundert nach
Christi, wiedergegeben
werden.

Bei diesen authentisch berichteten
Lebenserlebnissen sind Angaben zu Namen und
Person unerheblich. Es sind Geschehnisse, wie
sie in ähnlicher, natürlich den Zeitepochen
charakteristisch entsprechend möglichen
Vorkommnissen, seit den Anfängen der
Menschheit, stattfanden.

Zur Wahrheit der Geschichte garantiert
persönlich der Autor.

Die Berichte.

A) *Geburt*

■ Die jenseitige göttlich-geistige Vorbereiterin für seine
Geburt in ein neues menschliches
Dasein gaben ihm die Hoffnung auf den Weg, er
möge in diesem kommenden Leben
nicht mehr gegen göttliche Gesetze verstossen, um
geistige Fortschritte zu machen.

Das damalige Umfeld, in das er dann geboren wurde,
wäre, nach der göttlichen Beurteilung,
ein angepasster Platz gewesen für geeignete
Voraussetzungen hierzu.

Der Freie Willen der Menschen wird jedoch gemäss
göttlichem Gesetz nicht eingeschränkt,
weshalb sich diese Voraussetzungen, wie z.B. durch
nicht voraussehbare Änderungen
der Lebenshaltung der Eltern, oder des Einfluss-
Umfeldes, nachteilig, zum Tell nicht mehr
vorhanden sind.

■ Das erstgeborene kleine Baby war zu oft viele
Stunden, gar halbe Tage allen.
Die Eltern waren, den Interessen eines gemeinsamen
grösseren Gelderwerbs
nachgehend, beide beruflich, ausser Hause
abwesend.

Ein Schutzengel führte seine Cousine, gelernte

Kinderpflegeschwester, regelmässig zu ihm,
säuberte sein Bettchen, wusch und versorgte den
Kleinen.

■ Die Eltern lebten sich sehr bald auseinander; die
Folge war eine Scheidung.
Die Entwicklung der jungen Familie verlief nun leider
anders als wie es nach vorheriger hoffnungsvoller
Beurteilung der geistigen Welt möglich gewesen
wäre.

Seine Grossmama väterlicherseits, war indes, einem
Schutzengel gleich, sehr besorgt um
den Kleinen; die grosse lebevolle Zuneigung und
Zärtlichkeit durfte er, in ihren
Armen, so wunderbar erleben und empfinden, dass
sich ihm dies, trotz seines
jungen Alters, für sein ganzes Leben, zu tiefst
unvergesslich in seine Seele einprägte.

B) *Kindheit*

■ Bei der Scheidung seiner Eltern entschied das Gericht
… der Mutter das alleinige Sorgerecht für das Kind,
… keine finanzielle Unterhaltspflicht des Vaters für
   Kind und Mutter,
… Kontakte seitens des Vaters und den Angehörigen
   seines familiären
   Elternhauses zu seinem Sohn sind nicht erlaubt.
Damit war die Lebensweiche für den Kleinen
unerwartet auf ein unerwartet, neues Geleise
gestellt.
Als Alleinerziehende, musste die Mutter nun, für den
notwendigen Lebensunterhalt,

allein dem beruflichen Gelderwerb nachgehen.
Ihren Kleinen brachte sie aufeinanderfolgend jeweils
in die Obhut von ihr guten Bekannten.
Viele gute Schutzengel waren offenbar sehr drum
bemüht, dass sich der Kleine, wo er dann gerade in
Kindesobhut war, sich sehr wohl und liebevoll
betreut zu Hause fühlte.
Irgendwie empfand er das offenbar auch als normale
Gegebenheiten.

■ Sein letzter fremder Aufenthaltsort war, im nächst
entfernter Stadt, bei der Bruderfamilie von Mutters
neuem Lebenspartner, sowie abwechslungsweise bei
dessen unweit wohnenden Eltern.
Eins Tages vermochte der Kleine nicht mehr auf
seinen Beinchen zu stehen.
Seine Beine zeigten sich plötzlich zu schwach. Der
Befund hiess „Rachitis".
Die Mutter des Bruders brachte den Kleinen dann ins
Bürgerspital der Stadt.
Dort wurde er dann während zwei-drei Wochen
mittels diversen Spritzen gesund gepflegt. Diesen
Spitalaufenthalt empfand er als eine speziell schöne,
glückliche Zeit.
Offenbar wiederum geführt von Schutzengeln waren
alle ihn pflegenden Krankenschwestern
aussergewöhnlich lieb zu ihm.
Wahrscheinlich trug seine Grossmutter
väterlicherseits, als stiller Schutzengel bei, welche
derzeit in diesem Spital arbeitete, und von der
Anwesenheit ihres Enkels erfuhr, den Enkel aber nur
von der Türe her sehen durfte (siehe oben
geschilderten Gerichtsentscheid). Nach Genesung

verliess dann der Junge ungern dieses Spital, in dem es ihm so gut ergangen war.

■ Im Winter gingen deren Töchter schlitteln. Der kleine, nun etwa fünfjährig, durfte einmal mitgehen. Des Schlittelns, speziell des Abbremsens am Ende des Schlittel-Abhanges unkundig, landete dann im unten fliessenden Bach. Auch hier hatte er wieder einen Schutzengel,, der ihn vor schlimmster Unfallfolge behütete. Mit gänzlich durchnässten Kleidern wurde er von den Töchtern nach Hause gebracht.
Und sein Schutzengel behütete ihn vor einer folgenden schlimmen Erkältung.

C) *Erste Schuljahre*

■ Unterdessen wurde der Junge schulpflichtig. Seine Mutter war bereits mit ihrem neuen Lebenspartner verheiratet; sie hatten auch schon eine Mietwohnung. So holten sie den Jungen von des nun Pflegevaters Bruder nach „Hause", und konnte pflichtgemäss ins erste Schuljahr eingeschult werden. Schon gegen Ende dieses ersten Schuljahres meldete sich die Lehrerin mit der Hiobsbotschaft, ihr Junge könne anschliessend nicht in die zweite Schulklasse gehen können;
im Lesen mache er nicht die notwendigen Fortschritte; der Junge leide unter Legastenie.
Vieleicht könnte da ein weiterer Schutzengel helfen. Und dieser kam. Innerhalb einer weltweiten Arbeitslosigkeit verlor auch sein Pflegevater die Arbeitsstelle.

Mutter aber konnte auf ihrem Beruf weiter arbeiten, und der Pflegevater amtete als Hausfrau. Nun widmete er sich dem Jungen mit Nachhilfestunden im Lesen.
Tag für Tag musste ihm der Junge aus dem Schullesebuch vorlesen. Bei jedem Lesefehler musste, gemäss Vorlesen des Pflegevaters, solange repetiert werden, „bis der Text sass".
Dank diesem „Schutzengel überwand der Junge die Legastenie.

■ Während der Zeit der zweiten und dritten Schulklasse musste sein Schutzengel den Jungen gleich zweimal mächtig vor schlimmstem bewahren.
Das erste Mal fiel der junge ab dem Ufer-Steg in den durch die Stadt strömenden grossen Fluss. Ein junger Herr der dies beobachtenden Leute sprang kurzerhand beherzt in den Fluss und holte den Jungen aus den Fluten. Ein mit dem Mercedes anhaltender nobler Herr erkundigt sich über den Vorfall und nimmt den Jungen zu sich nach Hause, kleidet ihn mit gleich grosser Gewand seines eigenen, gleichaltrigen Sohnes ein und führt ihn dann nach Hause zu seinen Eltern.
Das zweite Mal springt der Junge unvorsichtig hinter dem angehaltenen Tram über die Strasse und wird von einem überholenden Auto am Kopf erfasst und dadurch zurück auf das Trottoir geworfen. Der Autofahrer nimmt den Jungen sofort in seinen Wagen, fährt gleich ins nahegelegene Universitätsspital zur genauen Untersuchung eventueller Kopfverletzungen.

Zum grossen Glück müssen keine Kopfverletzungen festgestellt werden und der Junge kommt mit dem Schrecken davon.

D) *Zeit im städtischen Heim für elternlose Jugendliche*

■ Während seiner dritten Schulklasse wird seine Lebensweiche, vermutlich nicht ganz ohne Einfluss seines Schutzengels, wiederum auf ein anderes Geleise gestellt. Infolge neuer Arbeitslosigkeit seines Pflegevaters wurde der Junge in ein Heim für elternlose Kinder gebracht. Dort flossen seine weiteren Schuljahre schnell dahin.
Zweimal führten ihn seine Führungsengel zur Ermöglichung des Musizierens.

■ In einem städtischen Umzug spielte auch eine Handharmonika-Gruppe. So etwas würde er auch gerne spielen. In der folgenden Woche ging er gefassten Mutes bei der Harmonika-Schule vorbei und fragte schüchtern, ob er auch Harmonika spielen lernen dürfte. Der Schulleiter wollte dann wissen, ob er denn schon ein Instrument hätte. Leider musste er dies verneinen und offen orientierte dann, dass er in einem Heime zuhause sei und keine Chance hätte, dass ihm jemand das Geld für ein Instrument geben könnte. Der Schulleiter überlegte, ging in sein Instrumentenlager und brachte ein älteres, aber noch spielbares Instrument. Dieses würde er ihm auslehnen bis er einmal ein eigenes Instrument kaufen könne. Und dann erklärte er ihm kurz die

Handhabung des Instrumentes und gab ihm noch ein paar einfache Noten und eine Spielanleitung mit. Autodidaktisch erlernte er dann so zu Hause im Heim damit das Musizieren.

- Im zweiten Fall, nach der Eingliederung in die Sekundarschule, mussten alle Schüler auch im sportlichen Vorunterricht der Kadettenschule mitmachen. Im Vorunterricht gab es auch eine Kadettenblasmusik. Das interessierte den Jungen auch, und angespornt durch die gelungene Anfrage beim Handorgellehrer, wandte er sich gleich an den Leiter der Kadettenmusik, mit dem Wunsche dort eventuell auch mitmachen zu können. Auch da kamen zuerst die Fragen:
Was für ein Blasinstrument hast du, und kannst du schon spielen? Auch dieser Musiklehrer kam ihm sogleich entgegen und holte eine ältere Klarinette aus seinem Musikalienschrank, lehnte ihm diese aus und lud ihn zu einer kurzen Einführungsstunde bei ihm zu Hause ein.
Auch damit lernte er dann autodidaktisch einfache Stücke zu spien und war dann in dieser Kadettenblasmusik dabei. Nach Abschluss der Sekundarschule und damit der Schulpflichtentlassung musste er leider die Klarinette wieder abgeben.

E) *Zeit der Berufslehre und Erkenntnissen über Geistige Kontakte und neuzeitlicher Ernährung.*

- Nun war der junge Mann aus der Schulpflicht entlassen. Anlässlich der Suche nach einer Lehrstelle erlebte er eine ungerechte Abstrafe im Heim. Und da

er dort während der vergangenen Schulzeit auch zu
oft unangebrachte, verständnislose Lieblosigkeit
erfahren musste, wünschte er nicht mehr länger im
Heim zu verbleiben. Die Abstrafe wegen der Suche
nach einer Lehrstelle war das Signal, wahrscheinlich
geführt durch seinen Engelsschutz, zu einer neuen
Weichenstellung seines weiteren Lebens. Nach
Besprechung mit seiner Mutter entschieden sie, dass
er das Heim verlasse und zu seinen Eltern heimkehre.

■ Nun zu Hause bei den Eltern erklärte seine Mutter,
dass es jetzt schwierig sei noch dieses Jahr eine
Lehrstelle zu finden, da solche stets bei Abschluss der
Schule, das heisst bei Beginn des eben schon
angefangenen neuen Schulsemesters vergeben und
vereinbart seien. Auch müssten sie jetzt für
notwendigen Kleiderkauf für den Jungen noch etwas
Geld verdienen. So vereinbarte die Mutter, beim
nächst gelegen Metzgergeschäft, sogleich ab
kommenden Montag einen Stellenantritt als
Veloausläufer. Dies war der Start wo er selbstständig
wurde und über sein Leben selbst entscheiden wollte.
Und der führende Schutzengel inspirierte den jungen
Mann, sich doch noch gleichen Tags selbst einmal die
Zeitung anzuschauen, ob dort noch eine Lehrstelle
ausgeschrieben wäre.
Tatsächlich war da von einer kleinen Maschinenfabrik
eine Zeichner-Lehrstelle angeboten. Stillschweigend
nimmt er kurz entschlossen seine Schulzeichnungen
und Zeugnisse unter den Arm und fährt direkt zu
dieser Fabrik, sich vorzustellen. Der Firma-Inhaber
engagierte den Jungen gleich als Zeichner-Lehrling
und veranlasste dazu den Lehrvertrag.

Nun meldete er sich umgehend beim Metzger ab,
und orientierte seine Mutter, dass er nun doch eine
Lehrstelle gefunden hätte. Mutter hörte zu, schwieg
und akzeptierte.
Dies war zwar erst die Ermöglichung einer
praktikablen Berufslehre. Denn da der
Geschäftsinhaber sich nicht an die beruf-gesetzlichen
Vorgaben hielt und keinen Lehrlings-Ausbildungsplan
unterhielt, ermöglichte das Arbeitsamt, dass der
Junge in einer renommierten Maschinenfabrik, die
ein gutes Lehrlings-Ausbildungsprogramm führte,
seine Lehre fortsetzen und dann mit Erfolg
abschliessend konnte.

Gleichzeitig realisierte das Amt, dass die
Lebenssituation des Jungen bei seiner Mutter zu
Hause, aus finanziellen Gründen, nicht förderlich sein
konnte.
So verfügte das Amt, dass er für die Zeit seiner Lehre
im nahe gelegenen Lehrlingsheim
sein konnte. So kam der Junge über diesen, eingangs
selbst nicht realisierten Umweg, zu einer einerseits
grundlegenden Berufsausbildung, und andererseits
zu einer speziell Lehrzeitförderndem anderem zu
Hause. Zu diesen Umweg-Möglichkeiten hat sicher in
vorsorglicher Weise die geistige Führung seines
Schutzengels beigetragen.

F) *Start in seine weitere Lebensgestaltung*

■ Innerhalb seines ersten Lehrjahres litt der Lehrling
unter anhaltenden Magen- und Darmstörungen.
Diverse Arztbehandlungen, und selbst ein
Heilaufenthalt in einem Kurort brachten keine

Besserung. Beim Besuch eines Reformhauses fand er
Literatur über neuzeitliche Ernährung, der
Gesundheit des textilfreien Sonnenbades, sowie auch
eines Hinweises über mediale Vorträge.
Auf Grund der Argumentationen dieser Literatur
beschloss er sich schrittweise dessen Empfehlungen
zu folgen. Grundlegend war dabei primär der Verzicht
aus das Fleischessen.
Anschliessend verloren sich diese
Verdauungsbeschwerden. Auf Grund dieses Erfolges
entschied er sich dann für eine natürliche
Rohkosternährung. Nach einigen Wochen war er
nachhaltend von diesen gesundheitlichen Störungen
geheilt. Deshalb verblieb er bei dieser Art von
Ernährung.
Andererseits brachte ihn der Hinweis auf mediale
Vorträge, sowie ein nachher dazu noch in der Zeitung
gelesenen Orientierung, den Kontakt zum
entsprechenden Freundeskreis.
Diese Vorträge beinhalten einerseits Belehrungen
über christliches Leben (wie auch der Bibelinhalte),
dessen tieferem Sinn, und andererseits
Schilderungen über die göttliche Jenseitswelt.
Die in im ersten Lehrlingsjahr erfahrenen Magen- und
Darmbeschwerden haben damit
die oben beschriebenen neuen
Lebensverhaltensweisen eingeleitet. Man muss
dabei erkennen, dass Nöte im Leben oft zu wichtigen
Erkenntnissen mit nachträglichen
Lebensverhaltungs- Verbesserungen führen.

■   Der Lohn eines Maschinenzeichners war zu seiner Zeit
äusserst knapp, und reichte kaum zur Gründung
einer Familie. Um eine bessere Verdienstmöglichkeit

zu erreichen müsste eine berufliche Weiterbildung in Betracht gezogen werden. Auf Grund der finanziellen Notwendigkeit einer 100%igen beruflichen Tätigkeit konnte nur ein Studium an einer Abendschule in Betracht kommen.
Die während vier Jahren dauernde Beanspruchung war für viele Absolventen zu hoch. Voraussetzungen waren eine sehr gut gesundheitliche Kondition, die Akzeptanz durch eine
Lebensgefährtin, und genügend technische Aufnahmefähigkeit.
Nur 8% der in diese Schule eingetretenen Absolventen erreichten dann das Schlussdiplom.
Dser junge Mann war in der Lage diese Voraussetzung zu erfüllen. Vor allem provotierte er
von der im Kapitel F) geschilderten natürlichen Rohkosternährung und Beschwerdeheilung.
Andererseits befürwortete seine Lebensgefährtin, von allem Anfang an, voll eine solche Weiterbildung.
Eine grosse Hilfe waren ihm, die in göttlicher Vorsorge, mit ins Leben gegebenen mathematischen Talente. So erhielt er das Schlussdiplom gar mit einer selten
erreicht höchstbesten Mathematik-Auszeichnung.

G) *Einstellung als Techniker in kleinerer Maschinenfabrik*

- Vereinheitlichung von Elektrosteuerungen zu Hallenkranen.
- Entwicklung von automatischen Steuerungen zu Betonmischer und Betonier-Anlagen.

Anlässlich eines Aufgebotes zur Störungsbehebung an
einer Betonier-Anlage stürzt er
In die Standgrube eines Betonsilos. Glücklicherweise
fiel er mit seinem Brustkorb auf eine Profilstrebe. Ein
Fall, zum Beispiel kopfwärts, hätte weit schlimmere
Folgen haben können,
als hier noch wochenlang anhaltende Brust-
Heilungsschmerzen.

■ Bei einem nächtlichen Störungsaufruf übersah er
infolge der Morgen-Bodennebel
den beim Andreaskreuz herfahrenden Zug. Das Auto
wird an die Strassenböschung geschleudert, unser
Junger Mann wird gegen die Türe gerammt, die
aufgeschlagen wird, und der Fahrer bewusstlos auf
der Strasse stürzte. Man befürchtete Schlimmstes.
Sein Schutzengel behütete in so, dass er nach
Ausheilung einer Hirnerschütterung, nach ein paar
Tagen, wieder nach Hause geführt werden konnte.

H) *Optimales, neues, viel besseres Stellenangebot*

*Lieber Leser, bitte erschrecken Sie nicht, und nehmen es
dem Autor nicht übel, wenn er die hier folgenden
Geschehnisse recht ausführlich schildert. Dies dient Ihnen,
die zu diesen Geschehnissen führenden Vorbereitungen,
durch geistige Schutz- und Führungskräfte, quasi als „
Leiter hinter den Kulissen", besser zu erfassen.*

■ Ein alter Freund macht unseren Jungen Mann auf ein
Inserat aufmerksam, nach dem eine grosse
weltbekannte Firma einen Elektrotechniker sucht

Es ist der zweitletzte Tag des Monats; das heisst man müsste wegen eventuellem Kündigungstermin auf Monatsende, sich sofort bei dieser Firma bewerben. Anlässlich des kürzlich grossen Autounfalles bei der Bahn realisierte er und seine Familie, dass sein jetziger Arbeitgeber, für den Todesfall eines solchen Arbeitsunfalles, für die betroffene Familie über keinerlei Sozialversicherung verfügte.

Deshalb nahm dieser Familienvater sofort telefonisch Kontakt auf mit dieser Firma.

Diese wünschte wegen des dringenden Termins, er möchte sich umgehend zur Vorstellung einfinden. Am folgenden Tag, vormittags fand er sich dort ein. Dort vereinbarte man, dass sich die Firma anschliessend, am frühen Nachmittag telefonisch über den Einstellungsentscheid melden würde. Beim umgehenden kurzen Besuch zu seiner Frau im Ortsspital, die sich dort momentan im Wochenbett befand, gab seine Frau, sich gut an das Fehlen von Unfallversicherungen und Todesfallversicherung, beim jetzigen Arbeitgeber erinnerte, gab sofort ihr Einverständnis für einen solchen Stellenwechsel.

Dies obschon sie sich noch m Spital-Wochenbett befand, und man bei einem Stellenwechsel auch das bisher von der Firma zur Verfügung gestellte Einfamilienhaus räumen müsste.

Dann kam am Nachmittag der positive Anstellungsentscheid der neuen Firma, und och am selben Tag schrieb der Familienvater die Anstellungskündigung und sandte sie per Post ab.

Dieser wertvolle Stellenwechsel wurde seitens seiner Familie hauptsächlich auf Grund der schlechten Erfahrung und dabei gemachten Erkenntnis von mangelnden Sozialversicherungen entschieden. So erfolgt oft auf ein momentan grösseres Unheil, wie von Führungsengel eingeleitet, .für ein notwendiges Eingehen auf bessere Lebensbedingungen, oder Glückssträhnen.

- Flexo-Timer: Nicht lange nach Übernahme der Aufgaben beim neuen Arbeitgeber hört er von seinem Chef (Dipl. Ing. ETH) über dessen Arbeit zur Regelung und Steuerung einer vorgesehenen grösseren Chemieproduktionsanlage. In dieser soll ein spezielles neuartiges elektro-pneumatisches Gerät, ein sogenannter Flexo-Timer, zur zentralen Anlage-Überwachung eingebaut werden. Dieses aus Amerika gelieferte Gerät muss aber vom Anwender für die Anlagebedingungen noch eingestellt und programmiert werden, was erhebliche Schwierigkeiten zeigt. Nach Tagen vergeblicher Versuche gelang dies seinem Chef leider nicht. Der neu angestellte Mitarbeiter schlug deshalb seinem Chef vor, ihm das Gerät einmal zum Versuch der Durchführung dieser Einstellung und Programmierung zu überlassen. Aber sein Chef traute diesem Vorschlag nicht. Der vorgeplante Inbetriebsetzungstermin der Anlage rückte aber bedrohlich näher. In der Not übergab nun sein Chef das Gerät für diese Arbeit der Elektroabteilung seiner Firma. Aber leider war es dieser auch nicht möglich das Problem zu lösen, und gab das Gerät nach Tagen wieder zurück. Der Inbetriebnahme-Termin schien zu platzen. Nun wiederholte sein neuer Mitarbeiter nochmals seinen Vorschlag, das Gerät zu studieren und womöglich einzustellen und zu programmieren. Sein

Chef traute dem wohl noch nicht, kalkulierte aber offenbar, dass es nun keine Rolle mehr spielen würde, wenn sein Mitarbeiter das Gerät durch dessen Versuch noch gänzlich unbrauchbar machen würde. Spät nachmittags nahm er das Gerät entgegen und studierte es einmal kurz. Während der Fahrt abends zu einem Kurs kam ihm eine grobe Lösungsidee. Anderntags erwachte er mit einer ihm im Schlafe gegebenen wichtigen Vision zur Problemlösung. Bei Arbeitsbeginn in der Firma entfernte er konsequent alle darin vorhandenen Verdrahtungen. Kaum geschehen kommt sein Chef mit dem verstehenden Abteilungsleiter, um zu sehen, was der Mitarbeiter nur versuchen würde.

Sie erschraken nicht wenig, als sie sahen, wie der ganze Verdrahtungsinhalt des Gerätes ausgeräumt war. Wortlos gingen sie von dannen. Im Laufe des Nachmittags, kaum alles im Gerät neu verdrahtet, kamen sie wieder.

Der Mitarbeiter orientierte sie nun, dass er mit der Einstellung und Programmierung des Gerätes gerade fertig geworden sei, dies aber noch nicht getestet hätte.

Nun wurde gemeinsam getestet. Das Gerät erfüllte nun nicht nur die geforderten Bedingungen, sondern, vom Mitarbeitenden für die Sicherheit der Anlage zusätzlich, realisierte wichtige Sicherheitsschaltungen. Sicher nun sehr erleichtert, aber wiederwortlos, gingen sie wieder.

Dieses Beispiel zeigt ganz speziell eindrücklich, wie Inspirationen, gegeben von jenseitiger Führung, zu wertvollen Problemlösungen, oder wichtigen neuen Entwicklungsschritten in der Weltgeschichte führen.

■ Der Weg zum eigenen Einfamilienhaus.

Bei dem im Abschnitt H) geschilderten, sehr positivem Stellenwechsel musste die inzwischen siebenköpfige Familie anfangs, vorübergehend mir einer Dreizimmerwohnung am Arbeitsort vorlieb nehmen. Die durch obige Schilderung „Flexo-Timer" erreichte sehr gute Berufsqualifikation beim neuen Arbeitgeber, und seine mathematisch vorbildlich vorgetragene Möglichkeit einer Haus-Amortisationsrechnung, beim Präsidenten des Verwaltungsrates, wurde Ihm nebst der Hypothek ein zusätzliches, notwendiges Darlehen zum Kauf des von seiner Familie vorgesehen Einfamilienhaus ermöglicht.

In den damaligen Konjunktur-Entwicklungsjahren konnte er die Amortisation des Darlehens gut erstatten.

- Morgenstreich-Rückkehrer.

Auf der Fahrt mit dem Auto fährt ihm, auf der falschen Fahrbahnseite, rasant fahrend ein betrunkener „Morgenstreich-Rückkehrer" entgegen. Mit schneller Reaktion leitet unser Familienvater sein Auto auf den Sicherheitsstreifen. Ganz gelingt es nicht eine Kollision zu vermeiden. Die linke Auto-Türe wird weggerissen. Kaum fassbar ist, dass dem Familienvater, trotz Auto-Totalschaden, selbst nicht das Geringste passiert ist.

I) *Ständige Ermüdung-Erscheinung führt zu lebenserfüllenden Nebenberuf.*

Ein Freund und Arbeitskollege, der auf dem Gebiete von Herzschrittmachern tätig ist, und mit ihm das Büro teilt, rät ihm dringend etwas Sport zu treiben. Da der Familienvater während seiner Erstberufs-

Lehrzeit in einem Schwimmklub trainierte, lag es nahe, dass er dies mit Schwimmen zu tun gedenke. Gemeinsam gingen sie dann über die Mittagszeit ins nahe gelegene Hallenschwimmbad. Dort startete dann unser Familienvater mit einem Schwimmen, in der Kadenz, in der er früher trainiert hatte. Nach einer Schwimmbadlänge von nur 16 2/3 m war er dann derart erschöpft, dass er Mühe hatte aus dem Bassin auszusteigen. Das Signal war klar. Nun beschloss er regelmässig, aber angepasst, schwimmen zu gehen. Indem er sich zu einem ausgeschriebener Rettungsschwimmkurs anmeldete sicherte er sich das lückenlos regelmässige Schwimmen. Als ehemals Aktiver in einem Schwimmklub, und seinen, in einer beruflichen Tätigkeit, gewonnenen Sportmedizinischen Kenntnissen, schloss er diesen Kurs gut erfolgreich ab. Motiviert dadurch, und im weiteren Interesse eines regelmässigen Schwimmens, meldete er sich zum Kurs einer Ausbildung zum Rettungsschwimmkursleiter an. Parallel dazu absolvierte er die J+S-Brevet-Kurse, den ABC-Kursleiter-Kurse und schliesslich die Brevetierung zum Schweizerischen Schwimm-Instruktor. Seine nun dadurch erreichte Gesundheit und Fitness ist kaum genug zu schätzen.

Und dadurch eröffnete sich ihm auch ein interessantes, gesundes und bis anhin in seiner Region fehlendes Sport- Schwimmkursprogramm. Diese Tätigkeit bracht ihm im Schulsport, mit diversen Schwimmkursangeboten, und der Gründung zweier Schwimmklubs viel Genugtuung, wertvolle Unterrichtserfahrungen und Anerkennung.

J) *Allgemeine laufende Lebenshilfen*

Parallel zu all diesen oben aufgeführten
markanten Schutz- und Führungshilfen standen
ihm „hinter den Kulissen" stets seine treuen
„Schutzengel" zu Seite.
Vieles was sich im Lebenslauf von ihm und seiner
Familie auf positiven Wegen ergab,
war, von seinen jenseitigen Schutzbefohlenen,
für die Familie direkt unbemerkt, ganz im Stillen,
gut behütet und vorbereitet.

Resultierende Erkenntnisse

Die eindrücklichsten hier, unter jenseitigem Schutz oder
Führung gestanden, geschilderten Erlebnisse, innerhalb eines
einzigen Menschenlebens, dürften erkennen lassen, wie
umsichtig, weit voraussehend, und sorgsam die göttliche
Engelswelt um das Schicksal des Menschen bemüht ist.

Die Bibel belehrt uns über die, über uns Menschen stehende,
göttliche, immens grosse Engelswelt.

Dabei nennt sie in zirka 100 Hinweisen, zur Existenz der Geistigen Welt gehörend, über 400-mal die Engel, davon die Sieben Sühne Gottes, und 600-mal den Geist oder den „Heiligen Geist."
Sie bilden zusammen die Chöre, Mächte und Gewalten des Himmels.

So schildert die Bibel an namhaft viele Stellen, sowohl des Alten, wie des Neuen Testamentes über das Leiten, Beraten und Wirken von Engeln zu den Menschen.

In den Evangelien des Neuen Testamentes wird geschildert, wie die Engel über dem Stall von Bethlehem, die Geburt von Jesu lobpreisen, und innerhalb der Lehrzeit Christi, erwähnt Christus oft seine Kontakte zu Engeln des Himmels, sowie auch zu Gott Vater.

Unabhängig einer Zugehörigkeit zu einer christlichen Konfession, oder einer der religiösen Abspaltungen durch eigene Glaubensgruppen, kann der Leser der Bibel erkennen, wie stark und weitsichtig die göttliche Engelswelt in den Lebenslauf und die Geschehnisse des menschlichen Lebens eingreifen Kann.

Glücklich all jene Menschen,
die bemüht sind auf die innere Stimme
der göttlichen Engelswelt zu hören,
darnach zu handeln,
und darüber recht dankbar sind!

Alfred Heim, November